Impulsgeschichten

Claudia J. Schulze

Leseförderung und Bibliotherapie

Jedes Sprichwort, jedes Buch, jedes kleine Wörtchen, das die zu Hilfe und Trost bestimmt ist, wird auf geraden oder verschlungenen Wegen zu dir gelangen.

(R.W. Emerson)

Wir unterstützen die Hospiz-Arbeit in Deutschland, Österreich und der Schweiz. Da sich dieses Buch in Teilen mit dem Buch: „Brunos Reise" überschneidet erhalten Sie, auf Wunsch unter der hinten angegeben Mail-Adresse ein kostenloses E-Book und / oder Hörtracks der einzelne Geschichten kostenfrei von mir, falls sie beide Bücher gekauft haben sollten.

Production and publishing: BOD Books on Demand, Norderstedt

© Claudia J. Schulze, 2020; Bilder: **Anke Hartmann, Leipzig**

Lektorat: **Matthias Ziebarth,** Frankfurt am Main

ISBN: 9783748192732, NEUE AUFLAGE

Vorwort

Diese hier vorliegende Sammlung ganz unterschiedlichster Kurz-Geschichten eignet sich besonders gut für bibliotherapeutische Interventionen.

Sie können individuell, aber auch im Rahmen einer Familientherapie eingesetzt werden.

Häufig direkt, häufig in verschlüsselter, symbolischer Form werden zahlreiche individuelle Lebensentwürfe aufgezeigt, typische Probleme des Zusammenlebens thematisiert, Gefühle von Isolation und Unverstandensein zur Diskussion gestellt. Die Protagonisten / Protagonistinnen sind allesamt moderne Glücksucher.

Sie müssen sich gegen soziale Kontrolle, gegen soziale Normen behaupten, Verletzungen aller Art einstecken und dennoch weitermachen. Unterwegs treffen sie, wie im wirklichen Leben, auch auf unerwartete positive Überraschungen: Auf Freunde und Wesensverwandte, die einen Teil ihres Weges mit ihnen gehen.

Mias Zehen

Mia konnte nicht gut lesen und schreiben. Sie hatte es lange versucht, länger als die meisten anderen Kinder, doch aus irgendeinem Grund gelang es ihr nicht aus den Buchstaben etwas entstehen zu lassen, mit dem sie etwas hätte anfangen können. Diktate waren ihr größter Alptraum, viele Buchstaben klangen in ihren Ohren einfach zu ähnlich. Es war richtiggehend zum Verzweifeln. Aufsätze schrieb sie zwar gerne, doch da zumeist jedes zweite Wort von der Lehrerin angestrichen war und eine große, runde rote „6" unter beinahe jedem ihrer Werke stand, hatte Mia schließlich beschlossen ihre Geschichten lieber mündlich zu erzählen. Immerhin macht es keinen Spaß wenn alle nur auf den nächsten Fehler lauern anstatt auf die ihr wichtigen Inhalte zu achten, fand Mia. Aus diesem Grund war aus Mia also eben eine Geschichtenerzählerin geworden, und auch mir sind diese zu Ohren gekommen. Ich bat Mia diese für sie aufschreiben zu dürfen und Mia stimmte zu. Zunächst möchte ich euch noch von einer Eigenheit berichten, die ich mit ihr verbinde, wenn es um ihre Erzählungen geht. Am liebsten saß Mia, das Mädchen, welches so gerne Geschichten erzählte, nämlich am Wasser und tauchte die Zehen hinein. Mit den Füßen im Wasser erzählte sich nämlich jede Geschichte beinahe wie von selbst. Angeblich hängt das mit dem Fluss der Erzählung zusammen. Beweisen kann ich es aber nicht.

Einige der Geschichten, die Mia erzählte, hatten einen wahren Hintergrund, andere wiederum hatte sie sich ausgedacht, wobei ich eine solche Unterscheidung etwas komisch finde, weil auch die erfundenen Geschichten wahr sein können, auf ihre eigene Art.

Mia konnte dabei in so viele Rollen schlüpfen. Sie wurde in kürzester Zeit zur Weltreisenden, zur Biologin, Trapperin, zur Beobachterin. Sie hatte viele Zuhörer. Ob es nun Tiere waren, ihr Freund Lukas oder sogar Fremde. Mia zog jeden in ihren Bann. Manchmal hätte man Stein auf Bein schwören können, dass sie persönlich mit dabei war, bei jeder einzelnen Geschichte, die sie erzählte.

Zugegeben hätte sie das aber sicherlich nicht. Ohnehin verriet Mia immer nur genauso viel wie sie wollte. Wenn man versuchte mehr aus ihr herauszulocken, grinste sie nur und hörte auf zu sprechen. Doch diese Geschichten hier, die hat sie mir alle persönlich erzählt. Unter ihren Zuhörern und Zuhörerinnen war auch Regina. Das Mädchen, mit dem niemand mehr zu tun haben wollte. Mia machte eine Ausnahme. Sie machte immer Ausnahmen. Ich glaube, dass man sich Mia ohnehin immer nur als eine Art „Ausnahme"- als die bestmögliche Ausnahme vorstellen kann. Und sie nahm sich Zeit. Für jeden. Jeder bekam eine Geschichte von Mia. Einer ihrer allertreusten Zuhörer, neben mir selbstverständlich, war „Rocky", ein Waschbär.

Rocky war, aus Amerika kommend, um die halbe Welt gezogen um hier bei Mia zu landen.

Er war ein echter Draufgänger. Anders hätte er diese Reise gar nicht bewältigen können. Rocky war einfach mit allen Wassern gewaschen und kannte so ziemliches jedes Fortbewegungsmittel. Auf Schiffen war er bereits gewesen, in Autos und Zügen.

Und nun war er bei Mia.

Wenn sich das mal nicht gelohnt hat! Zwar hatte er vor irgendwann über Finnland nach Russland weiterzureisen, doch für Mia nahm er sich vorher noch die Zeit. Das war in seinem eigenen Interesse, soviel steht fest. Natürlich weiß ich nicht, ob die Tiere Mias Worte tatsächlich verstanden haben. Vielleicht mochten sie nur ihre Stimme.

Die anderen mochten, neben ihrer Stimme, aber auch die Art wie sie von den Abenteuern der Menschen und der Tiere berichtete. Niemand kann nämlich so gut wie sie erzählen, das muss ich zugeben.

Ob es an den Füßen im Wasser liegt? Warum nicht? Ich jedenfalls werde es demnächst ausprobieren.

Schnuppe und das Einhorn

Es gab zwischen dem Schwarzwald und der Nordsee kein einziges Mädchen, das frecher war als Schnuppe. Ihren richtigen Namen hatten alle schon vergessen. Man nannte sie nur Schnuppe. Schnuppe sah eigentlich ganz niedlich aus, doch sie hatte es faustdick hinter den Ohren. Sie spuckte nach anderen Kindern, und manchmal rempelte sie wildfremde Menschen, auch Erwachsene, auf der Straße an und schrie: *„Du stinkst!"* Schnuppes Mutter weinte oft, denn sie wusste sich keinen Rat mehr mit ihrer wilden Tochter. Besonders schlimm war es nach dem Umzug geworden. Schnuppes Vater war wieder nach Amerika gezogen, wo er noch eine Familie hatte. Irgendwie war Schnuppe davon überzeugt, dass das ihre Schuld war. Daran änderte noch nicht einmal Mamas neuer Freund Manfred etwas, der wirklich nett war. Sicherlich wäre Papa hier geblieben, wenn sie anders gewesen wäre. Und natürlich auch ihre Schwester Laura.

Zumindest glaubte das Schnuppe. In Wahrheit war es so, dass nichts, was Schnuppe hätte tun können, ihn daran gehindert hätte zu gehen.

Manchmal kann man einfach überhaupt nichts tun und muss zusehen wie solche Dinge passieren, auch wenn einen das traurig macht – oder wütend. Schnuppe war meistens nur wütend. In ihrer Vorstellung waren Papa und Laura glücklicher als sie. Schnuppe sah sie vor ihrem inneren Auge: Sie unternahmen Reisen quer durch Amerika. Schnuppe sah die Wolkenkratzer und die Freiheitsstatue vor sich, den Grand Canyon, die Brücke von San Francisco, die Rocky Mountains, den Mississippi, auf dem Laura und Papa gemeinsam auf einem Dampfer fuhren. Sie sah die beiden auf Pferden reiten, in Schnellrestaurants riesige Mengen von Süßkram in sich hineinstopfen. Sie sah sie in Florida, wo sie mit Delfinen schwammen und in Hollywood, wo Laura ein exklusives Autogramm ihres absoluten Lieblingsschauspielers ergattern konnte, während Papa das Ganze begeistert knipste. Sie sah sie in einem Truck über endlose Felder fahren und dabei lachen.

Schnuppe hasste dieses Lachen, und sie hasste es, dass sie hiergeblieben war und zu einer Psychologin gehen sollte.

Bei der bekannten Kinderpsychologin, Frau Prof. Dr. Hühnerklein, hatte Schnuppe alle Hefte und Bücher zerfetzt, die im Wartezimmer lagen.

Sie hatte die schönen blauen Spielbälle zerbissen und sogar noch nach der alten Katze getreten, die sich vor Frau Dr. Hühnerkleins Fenster auf der Treppe gesonnt hatte.

Und obwohl Frau Dr. Hühnerklein sonst immer sehr geduldig mit Kindern war, hatte sie Schnuppe daraufhin kurzerhand am Kragen gepackt und an die Luft gesetzt.

Kurzum: Schnuppe kam einfach mit niemandem zurecht, und keiner konnte Schnuppe leiden.

Meistens kümmerte das Schnuppe nicht.

Sie spuckte einfach aus, wenn sie jemanden sah oder rollte gefährlich mit den Augen.

Doch manchmal war Schnuppe auch traurig. In diesen Augenblicken wünschte sie sich, dass sie wenigstens einen einzigen Freund auf der Welt hätte. Aber wie sollte das funktionieren?

Sie wusste ja selbst, dass sie schwierig war. Manchmal hatte sie gar keine Lust mehr unter Menschen zu gehen. Aber zuhause hätte sie sich entweder ständig mit Mama gestritten oder sich ganz schrecklich gelangweilt.

Daher streifte sie an den Tagen, an denen sie nicht einmal mehr richtig Lust darauf hatte Leute zu erschrecken, durch den Wald am Stadtrand. Das machte wenigstens Spaß.

Mit der Zeit wurde ihr Radius immer größer, und sie drang tiefer und tiefer in den Wald ein.

Manchmal, an den helleren Sommerabenden, kletterte Schnuppe sogar nachts heimlich aus dem Fenster um in den Wald zu gehen. Sie verbrachte dort häufig viele Stunden, manchmal sogar bis kurz vor Sonnenaufgang.

Schnuppe lebte allein mit ihrer Mutter am Stadtrand, so dass es kein Problem war abends schnell über das Feld bis hin zum Waldrand zu laufen ohne bemerkt zu werden.

Das Wichtigste war jedes Mal rechtzeitig und unbemerkt um halb sieben, kurz vor dem Frühstück zurückzukommen.

Normalerweise war es auch bei Dunkelheit kein Problem für sie wieder zurückzufinden. Sich draußen in der Natur zu orientieren gehörte zu ihren Stärken. Doch heute war es anders. Sie fand den Rückweg einfach nicht mehr. Vielmehr hatte sie das Gefühl sich immer weiter von zuhause zu entfernen.

Sie bekam es etwas mit der Angst zu tun, doch dann stampfte sie auf und sagte laut: „Ist mir doch schnuppe!" So war sie damals auch zu ihrem Namen gekommen. Schnuppe lief also immer weiter und versuchte unerschrocken zu sein. Plötzlich sah sie etwas vor sich auf der Lichtung, das selbst ihr die Sprache verschlug. Es war ein Baumstamm, auf den jemand ein Einhorn geschnitzt hatte. Dieser Baumstamm war ihr noch nie zuvor aufgefallen. Entweder war sie noch nie hier gewesen, oder aber die Schnitzerei war neu.

Schnuppe ging näher heran, um zu sehen ob bereits Verwitterungen zu erkennen waren oder ob die Schnitzerei tatsächlich ganz frisch war.

Schließlich fuhr sie mit der Hand über das geschnitzte Einhorn und bemerkte, dass es völlig glatt, unversehrt und ganz neu zu sein schien. Sie fühlte jede kleine Rille in dem gedrechselten Horn. Ganz vertieft befühlte und untersuchte sie dieses kleine Meisterwerk. Doch in diesem Augenblick hörte sie ein Geräusch. Sie zuckte zusammen, denn direkt hinter diesem Stamm war noch etwas. Schnuppe hielt den Atem an und staunte:

Es war das Schönste, was sie überhaupt jemals gesehen hatte: ein strahlend weißes Pferd, nein, kein normales Pferd.

Es handelte sich, daran bestand überhaupt kein Zweifel, um ein echtes Einhorn. Sein Fell leuchtete so silbrig-weiß in der Dunkelheit als sei der Mond persönlich auf die Erde hinab gestiegen und habe sich in ein Einhorn verwandelt.

Schnuppe rieb sich ungläubig die Augen. Doch als sie genug gerieben hatte und erneut aufblickte stand es noch immer da: das wunderbarste Einhorn, das man sich überhaupt nur vorstellen konnte. Vor lauter Aufregung hielt Schnuppe die Luft an, da sie es nicht wagte zu atmen.

Das Einhorn schien keine Notiz von Schnuppe zu nehmen und kaute an den Gräsern zu seinen Hufen.

Schnuppe konnte noch immer nicht glauben, was sie da sah.

Einhörner gibt es doch nur im Märchen dachte sie noch. Da hob das Einhorn den Kopf und sah zu ihr herüber. Schnuppe erschrak.

Das Einhorn sah ihr nun direkt in die Augen. „Guten Tag", sagte es dann mit einer ruhigen, freundlichen und sanften Stimme. „Mein Name ist Esmeralda", es neigte den Kopf ein wenig, „und wie heißt du?"

„Schn….uppe", stammelte Schnuppe recht verzweifelt und bohrte mit dem Finger verlegen auf ihrem Arm herum. „Das kann nicht sein", sagte das Einhorn mit strahlenden braunen Augen. „Ein so zauberhaftes Mädchen wie du hat doch sicher einen ganz wunderbaren Namen, so wie …" Esmeralda sah Schnuppe fragend an und legte den Kopf schief. „Mia", sagte Schnuppe leise. „Mein wirklicher Name ist Mia." Sie senkte den Kopf.

„Ich hatte ihn schon beinahe vergessen."

„So einen wunderschönen Namen kann man unmöglich vergessen", erwiderte das Einhorn mit seiner sanften Stimme. „Komm, Mia, steig auf meinen Rücken. Ich möchte dir etwas zeigen."

Esmeralda senkte ihren Kopf und machte sich etwas kleiner, so dass Schnuppe leichter auf ihren Rücken kommen konnte.

Ohne lange zu überlegen kletterte Schnuppe auf Esmeraldas Rücken. Zunächst trabte das Einhorn erst langsam, damit sich das Mädchen auf seinem Rücken nach und nach an es gewöhnen konnte. Doch dann ritten sie in geradezu atemberaubender Geschwindigkeit durch die Nacht. Dennoch war es bequem wie in einer Wiege.

Irgendwann schlief Schnuppe einfach auf Esmeraldas Rücken ein. Sie hielt sich an der langen weißen Mähne fest und das helle Licht des Mondes schien auf beide herunter. Es war friedlich und schnell zugleich, wie sie da durch die Nacht ritten. Doch dann wurde Schnuppe vom einem ganz plötzlichen Ruckeln wach. Esmeralda war zum Stehen gekommen.

Verwundert sah sich Schnuppe um. Es schien sich um ein kleines Dorf zu handeln, welches von merkwürdigen Wesen bewohnt wurde. „Das sind Trolle", sagte Esmeralda ruhig. Sie leben hier ganz versteckt vor Menschenaugen, doch dir möchte ich sie zeigen. „Warum gerade mir?" wollte Schnuppe wissen. „Du wirst schon sehen, Mia", sagte Esmeralda. Sie nannte sie absichtlich „Mia".

Irgendwie gefiel das Schnuppe ziemlich gut.

Fast könnte sie sich wieder an ihren wirklichen Namen gewöhnen. Sie verstand gar nicht mehr so richtig wie er ihr hatte abhanden kommen können. Doch die Trolle machten ihr Angst. Sie rollten mit den Augen, mit furchtbar großen, ziemlich glubschigen Augen. Sie spuckten und tobten und schrien sich an, sie lachten zu laut, und ihre Scherze erschienen sehr plump. Sie warfen fluchend Ziegen und Mistgabeln durch die Luft und trieben dabei auch sonst noch so allerlei Schabernack.

Mia grub sich tiefer in Esmeraldas Mähne und beobachtete die Trolle aus der Sicherheit heraus, die von Esmeraldas warmem Rücken ausging. Ihre Hände waren tief in Esmeraldas Mähne vergraben, was ihr einen guten Halt gab, was gut war. Sie mochte das wilde Treiben nämlich nicht, und sie befürchtete, dass einer der Trolle auf sie aufmerksam werden könnte.

Daher machte sie sich auf Esmeraldas Rücken so klein wie es überhaupt nur ging.

Glücklicherweise waren die Trolle viel zu sehr mit sich selbst beschäftigt, als dass sie sich um ein kleines Mädchen gekümmert hätten.

„*Hier möchte ich nicht bleiben, Esmeralda*", wisperte sie leise.

Esmeralda nickte mit dem Kopf, blähte die Nüstern und galoppierte weiter.

Nach einiger Zeit gelangten sie an einen vollkommen anderen Ort. Von weitem schon sah sie wunderschöne Elfen. Alles an ihnen schien zu glitzern und zu leuchten.

Eine Elfe, die ein goldgelbes Kleid trug, redete in einer Sprache, die Mia noch nie gehört hatte. Die anderen Elfen und Feen antworteten ihr ebenfalls in dieser Mia völlig unbekannten Sprache. Sie kicherten und tanzten um einen Baum herum. Jede von ihnen trug ein Kleid in einer anderen leuchtenden Farbe. Sie sahen aus wie winzige, schillernde, alberne Prinzessinnen auf einem Hofball. Dabei waren ihre Stimmen glockenhell, ihre Bewegungen geziert. Ein wenig erinnerten sie Mia auch an die kichernden Mädchen aus ihrer Klasse.

Aber nur ein wenig, denn keine von diesen Mädchen hätte jemals so perfekt sein können wie diese Waldbewohnerinnen.

Wenn sie nur wüsste in welcher Sprache sie sich da verständigten.

Esmeralda schien Mias Gedanken lesen zu können, denn sie sagte: *„Das ist die Sprache der*

Feen und Elfen, die in diesem Teil des Waldes gesprochen wird. "Vielleicht aber hatte auch die Waldgöttin, die für Mias Auge unsichtbar war, ihr dies verraten. Waldgöttinnen können von Beginn der Zeit an Gedanken lesen.

Mia staunte über die Schönheit und Anmut, die von diesen Elfen ausging. Wahrhaftig niemand könnte je so überirdisch schön und elegant sein wie diese traumhaften Geschöpfe.

Sogar ihr Gelächter klang wie das Abperlen eines Tautropfens von einer sich morgendlich öffnenden Blüte. Sie waren das komplette Gegenteil der stinkenden, grobschlächtigen und lauten Trolle. Doch trotzdem wollte Schnuppe auch hier nicht länger bleiben. Sie hatte so ein ungutes und komisches Gefühl, kaum zu erklären. Esmeralda, ohne dass Mia ihr das erklären musste, galoppierte weiter in die Nacht hinaus. Ihre Hufe glitten nur so über den Untergrund, schneller und schneller, dabei jedoch dennoch voller Sicherheit. Mia klammerte sich erneut an ihrer weichen, weißen Mähne fest. Der Mond strahlte, und die Sterne funkelten hell, so dass die Bäume wie Schattenspiele aussahen.

Das gefiel Mia, doch trotzdem war sie sehr froh, dass Esmeralda den Weg zurück angetreten hatte. Es war wieder so bequem auf ihrem Rücken, dass Mia für eine Weile erneut einschlief. Zwischendurch jedoch wurde sie ab und zu wach und sah die Bäume nur so an sich vorbeirauschen. Nach einiger Zeit, es wurde bereits ein wenig hell, erkannte Mia das Waldstück wieder, in dem sie Esmeralda zuerst gesehen hatte.

Richtig erleichtert war sie wieder in die Nähe ihres Zuhauses zu kommen. Ihre Lust auf Abenteuer war erst einmal gestillt.

„Wir sind wieder da, Mia", sagte Esmeralda ruhig. Ihre Stimme war ruhig und fest. Eine Stimme so überirdisch, dass man sie gar nicht richtig beschreiben kann.

Dann blieb sie stehen und drehte den Kopf zu Mia, die auf ihrem Rücken saß, um.

„Jetzt möchte ich dir drei Fragen stellen." Mia nickte und wartete gespannt auf Esmeraldas erste Frage.

„Meine erste Frage lautet: Was hast du gesehen, als du die Trolle gesehen hast?"

Mia antwortete leise: „Ich habe mich gesehen – aber schlimmer."

Esmeralda nickte. „ Meine zweite Frage, Mia, lautet: Was hast du denn gesehen, als du die Feen gesehen hast?" „Etwas, das schöner und freundlicher ist als ich…und…",

Mia zögerte. „ Ja?", fragte Esmeralda"… „und etwas, das ich nicht sein möchte!"
„Ich weiß", lächelte Esmeralda. „Deswegen wurdest du auch Schnuppe genannt." Mia nickte. „Ich wollte noch nie so ein braves, hübsches, dauerkicherndes und langweiliges Mädchen sein."
„Findest du Feen denn langweilig?" wollte Esmeralda wissen. „Nein, gar nicht", erwiderte Mia. „Aber, na ja, du weißt schon…feenhafte Mädchen… ich möchte eben einfach ich selber sein."
Esmeralda schüttelte ihre Mähne: „Doch du möchtest auch kein Troll sein, oder?" Sie zog eine Fratze, die wohl einem Troll ähneln sollte.
Ein Eichhörnchen huschte vorbei. Mia war froh, dass es ihr ein wenig Bedenkzeit verschaffte,

und so beobachtete sie es ein wenig und dachte nach.

Dann schüttelte sie den Kopf. „Nein, eigentlich möchte ich nur ich selber sein, verstehst du das?" Esmeralda nickte. „Ja, das tue ich."

Deswegen habe ich dir beide gezeigt, Trolle und Feen, weil ich dir zeigen wollte, dass du keines von beiden bist."

Mia überlegte: „Du meinst, ich muss mich ab jetzt nicht mehr wie ein Troll aufführen nur weil ich keine Fee sein möchte?"

„Ganz genau", antwortete Esmeralda ihr. „Du darfst ein Mensch sein, und du darfst Mia sein." Das Eichhörnchen verschwand schnell in einer sicheren Baumkrone.

Mia dachte nach und reckte den Kopf in die Höhe um das Eichhörnchen doch noch einmal zu sehen und um Esmeraldas Worte in sich nachwirken zu lassen.

Das waren Worte, auf die sie lange gewartet hatte.

Was für ein Glück, dass ihr Esmeralda begegnet war. Diese wartete geduldig eine Weile.

„Und jetzt halt dich fest, ich bringe dich zum Waldrand zurück", sagte sie dann.

Während sie ritten verschwanden Papa und Laura aus ihren Gedanken, Amerika löste sich auf. Es gab nur noch sie, Esmeralda und diesen wunderbaren Wald.

Schließlich erreichten beide den Baumstamm mit dem geschnitzten Einhorn darauf.
„Auf Wiedersehen, vielleicht bis bald, meine Mia", sagte Esmeralda noch.

Sie neigte den Kopf ein wenig zum Abschied und Mia durfte ein letztes Mal ihre weiße und zauberhaft weiche Mähne berühren.

„Ich will nicht, dass du gehst!", sagte sie noch.

Doch sie wusste, dass das nichts ändern würde. Esmeralda stupste sie nochmals kurz an. Dann drehte sie sich um und galoppierte davon.

Mia setzte sich müde mit dem Rücken an den Baumstamm und dachte noch ein wenig an sie und an ihr weißes, weiches Fell.
In den frühen Morgenstunden fand sich Mia im Gras am Waldesrand wieder.

Sie musste tatsächlich eingeschlafen sein.

Ein kleiner Vogel zwitscherte laut über ihr auf einem Ast.

Ein schwarz glänzender, ganz außergewöhnlich kleiner Rabe saß still daneben und blinzelte ihr zu. Jetzt, im Morgenlicht, bemerkte sie, dass sie gar nicht weit vom Weg abgekommen war. Das war immerhin etwas beruhigend!

Eine junge Frau, die einen kleinen Hund an der Leine führte, kam gerade vorbei.

Der Hund begann mit dem Schwanz zu wedeln, als er sich Mia näherte. Die Frau beachtete ihn nicht weiter, doch Mia fand ihn außerordentlich hübsch. Er sprang ein wenig an ihr hoch und wedelte mit dem Schwanz. Er sah winzig aus mit seinen kleinen dünnen Beinchen und der spitzen Schnauze, einfach unwiderstehlich.

Mia vergaß alles um sich herum, während der Hund sich so offensichtlich darüber freute ihr begegnet zu sein. „Komm schon, Rex!" *Rex*? Mia musste grinsen. Dieser Name passte nun wirklich nicht. Hatte sie sich das Hündchen eigentlich überhaupt mal angesehen, bevor sie ihm so einen Namen verpasste? Dann konnte sie ihn ja gleich Brutus oder so nennen.

Die Frau nahm den Hund nun auf den Arm, während Mia damit beschäftigt war sich eine passende Antwort zu überlegen. „Wie heißt du denn überhaupt?"

„Und was machst du denn so ganz allein hier draußen?" fragte die Frau stattdessen besorgt.

„Mia" antwortete diese lächelnd und lief los. Zum Glück hat meine Mutter mir diesen Namen gegeben, dachte sie noch.

Wenn sie rechtzeitig vor dem Frühstück zuhause sein wollte, musste sie sich beeilen.

Mackie

Mackie, so nannte ich sie, wusste vermutlich nicht, ob es außer ihr noch andere Plump-Loris gab. Schon seit längerer Zeit hatte sie keinen mehr gesehen, der auch nur entfernt an einen Vertreter ihrer Art erinnerte.

Sie wusste wohl nicht so recht was sie davon halten sollte. Ich beobachtete sie, da ich als Biologin für ein Projekt arbeitete, das sich dem Überleben ihrer Art gewidmet hatte. Doch offenbar war ich zu spät gekommen.

Noch vor einigen, wenigen Monaten war kein einziger Tag vergangen, an dem Mackie nicht mindestens fünf anderen ihrer Art begegnet war.

Auch mir war das aufgefallen, doch trotz aller Vorsichtsmaßnahmen, trotz dem Einsetzen von Überwachungskameras und Fotofallen war mir nicht aufgefallen wie die Loris jeweils aus dem Urwald geholt worden waren.

Nun galt meine gesamte Aufmerksamkeit und Vorsicht Mackie.

Sie durfte nicht auch noch verschwinden.

Was sollte sie von der Leere halten, die sich nun abzeichnete?

Leer im strengen Sinn war es natürlich nicht.

Im Urwald wimmelte es vor Leben, doch war das natürlich auf die vollkommene Abwesenheit ihrer Familienmitglieder, Verwandten oder Bekannten bezogen. Noch nicht einmal einen fremden Lori sah sie – nichts.

Mir ging es genauso wie ihr. Der Grund war kein großes Geheimnis, denn die Menschen fanden die winzigen Kobolde so niedlich, dass sie sie zuhauf bei sich zuhause als kleine Haustierchen hielten. Ein Schicksal, das beinahe jedes Tier auf diesem Planeten ereilt, wenn es in den Augen der Menschen niedlich genug ist um die wichtigsten Bedingungen zu erfüllen, die aus einem wilden Tier ein akzeptiertes Haustier machten. Loris gehören ganz besonders zu diesen Wesen. Ihre riesigen Augen rufen bei den Menschen Entzückung und den starken Drang hervor diese winzigen Waldbewohner sofort in ihren Besitz zu nehmen.

Was die meisten jedoch nicht wussten war, dass Loris imstande sind ein tödliches Gift zu produzieren – giftig genug, um selbst einen Menschen vom Leben in den sicheren Tod zu befördern.

Menschen lassen sich, wie so oft, eher von den äußeren Merkmalen beeindrucken, und so hätten sie, selbst wenn sie es gewusst hätten, es wohl einfach nicht geglaubt.

Ein Blick in die großen Augen eines Loris und alles andere war vergessen.

Natürlich ging es auch mir nicht anders- sie waren einfach entzückend, daran gab es nichts zu rütteln.

Und dennoch war dies kein Grund sie aus ihrem Lebensraum zu nehmen, und letztlich damit das Überleben der gesamten Art zu gefährden.

In den Nächten schlief ich schlecht, ich war von der Furcht besessen, dass man auch Mackie fangen und mitnehmen würde. Glücklicherweise passierte das nicht, doch Mackie änderte ihr Verhalten.

Sie wurde zunehmend leidend, apathisch und schwermütig, und ich wusste natürlich nicht was ich dagegen hätte unternehmen sollen.

Ich durfte ihr ja noch nicht einmal zu nahe kommen.

Als Biologin musste ich eine genaue Distanz einhalten.

Ständig funkte ich Kollegen an in der Hoffnung, dass diese auf einen anderen Lori gestoßen sein könnten, so dass man diesen mit Mackie hätte zusammenbringen können.
Doch leider schien es so, als gäbe es weit und breit nur noch sie.

Ich hatte Angst vor dem Tag an dem das Projekt beendet, und ich wieder an meine Universität abgerufen werden würde.
Wer würde dann auf sie achten? Kurzerhand beschloss ich nicht wieder zurückzukehren.
Zumindest so lange nicht, bis Mackie einen Partner gefunden haben würde – oder aber, bis sie hier, in ihrem Wald, für immer ihre Augen schließen würde.
Ich würde bei ihr bleiben, ganz egal wie es ausging, denn mein größter Wunsch war, dass sie hier, in ihrem Wald, bleiben durfte.
Mittlerweile war es auch ein bisschen mein Wald geworden.
Es fiel mir schwer mir vorzustellen wieder in die Zivilisation zurückzukehren.

Mit meinen Eltern und Geschwistern konnte ich nicht über Mackie reden. Sie verstanden mich nicht.

Nichts erschien mir lebendiger zu sein als eben jener Wald. Das Leben in der Stadt wurde zunehmend unwichtiger, unvorstellbarer für mich. Dort gab es kaum Pflanzen, das Leben war zugemauert, und die Luft war meistens nur schlecht. Menschen hetzten sinnlos getrieben umher. Niemand hatte mehr Zeit für das, was mir persönlich als das Wichtigste erschien.

Ich wurde wohl zunehmend ungeeigneter dafür einfach wieder in mein altes Leben zurückzukehren.

Eingesperrt und elend fühlte ich mich bereits bei dem Gedanken daran. All diese Stunden vor dem Computer, im Supermarkt, im Fitness-Studio. Nein, ich wollte hier bleiben.

In diesem Wald. Zurückzukehren kam nicht mehr in Frage. Doch natürlich wollte ich auch wegen ihr nicht weggehen- wegen Mackie.

Wer außer mir sollte sie bewachen? Manche Wesen brauchen einfach unseren Schutz.

Und so blieb ich bei ihr.

Bruno

Bruno war ein Bär, der in dem schönsten Land der Welt, nämlich in Italien, lebte. Obgleich es wirklich kein Land mit diesem Italien aufnehmen konnte, hatte Bruno Heimweh. Er wollte in das Land seiner Ahnen zurück, in das Land der Berge und der glasklaren Bergseen: Nach Bayern. Seine Vorfahren waren dort in den Stand von Berühmtheiten erhoben worden. Bilder von ihnen waren auf zahlreichen, schönen Wappen abgedruckt, Gaststätten wurden nach ihnen benannt. Man hatte ihnen selbst sogar menschliche Namen gegeben, durchaus liebevolle, bevor die Angst vor ihnen überhandnahm, und man sie allesamt erschoss. Vielleicht war es nicht nur die Angst allein. Den Menschen ist die Lust am Töten nicht fremd, und so mussten nicht nur Bären ihr Leben lassen. Zuvor jedoch hatte man aufgehört ihnen Namen zu geben. Ohne Namen fällt das Töten leichter. Auch andere Tiere fielen dieser Mordlust zum Opfer. Gleichzeitig gab es immer mehr Menschen, ihre Anzahl wuchs jedes Jahr, so dass es auch aus diesem Grund immer weniger Platz für Bären gab.

Brunos Vorfahre konnte sich gerade noch in ein benachbartes Land retten. Er war einer der letzten seiner Art und fühlte sich dementsprechend verloren in Wald und Flur – bis er auf eine Bärin traf, und eine Familie gründete, die auf Umwegen wieder in Zentral-Europa heimisch wurde. Viele zogen nach Russland, nach Polen, nach Rumänien und Slowenien. Seine Eltern, Joze und Jurka, landeten viele Jahre später wieder im Alpengebiet, so dass Bruno mit seinen zwei Brüdern in Italien aufwuchs. Nicht am Meer, sondern in den italienischen Bergen, die nicht weit von Österreich und auch nicht weit von Bayern entfernt liegen. Und es ist, wie ich vorhin bereits sagte, wahr was man sich über dieses Land zu erzählen weiß. Mit nichts ist Italien zu vergleichen.

Die Wärme und der Duft der bergigen Luft, der leise Wind, das Lachen der Menschen, das Bruno von weitem nur vernahm aber dennoch registrierte. Nahe wagte er sich nicht an Menschen heran. Er spielte lieber mit seinen Brüdern Beppo und Lumpaz, doch bemerkte er sie dennoch, die Geräusche der Menschen aus der Ferne, die Gerüche des Waldes, des Berghanges und das Gefühl der Sonne auf seinem braunen Pelz.

Doch etwas ließ ihn nie los. Das war die Sehnsucht nach der Heimat seiner Vorfahren. Eine Sehnsucht, die er selbst nicht richtig verstand, wo er doch nun an solch einem wundervollen Ort war.

Vernunft hilft, wie so oft, in diesen Fällen wenig. Brunos Heimweh nach dem Land, das „Bayern" genannt wird, wuchs mit den Jahren und wurde schließlich in ihm so groß und so schmerzhaft, dass ihm gar nichts anders übrig blieb als sich auf den Weg zu machen. Seinen beiden Brüdern ging es ähnlich, doch wählten sie den Weg über die Schweiz.

Lumpaz war mit Abstand der Vorsichtigste der drei. Beppo war, wie auch Bruno, ein Draufgänger, wahrscheinlich sogar noch ein klein wenig verwegener.

Bruno machte sich also allein auf den Weg, was ohnehin für Bären typisch ist. Jeder der drei Bärenbrüder ging, nach Bärenart, gemächlich und alleine und für sich los.

Im Mai begann Brunos Wanderung, die über Österreich führte, und es dauerte nicht sehr lange bis er tatsächlich Bayern erreichte. Bruno war stark und ausdauernd.

Es fiel ihm nicht schwer weite Strecken zurückzulegen. Unterwegs fraß er Schafe und andere kleine Tiere. Bären sind Raubtiere. Sie können, im Gegensatz zum Menschen, nicht anders.

Menschen haben die Wahl, doch Bruno hatte sie nicht. Die Schafe und Hasen fraß er nicht zu seinem Vergnügen und auch nicht, weil er boshaft gewesen wäre.

Er wollte natürlich am Leben bleiben, und dafür sind feste Mahlzeiten eben ein unverzichtbarer Bestandteil. Wie von unsichtbarer Hand geleitet, hatte er sich Bayern, dem Land seiner Vorfahren, immer mehr genähert. Nun hatte er die Landesgrenze überschritten und war dort. Mittlerweile waren die Menschen ihm auf der Spur. Sie hatten Angst. Auch das war irgendwie verständlich. Sie hatten seit 150 Jahren keinen einzigen Bären mehr gesehen, und sie wussten nun nicht mehr wie sie sich verhalten sollten und wollten gerne, dass alles so war wie vor dem Auftauchen Brunos. Ein sympathischer Politiker hingegen, der Bruno offenbar mochte, äußerte, dass Bruno in Bayern willkommen sei. Bruno selbst bekam davon natürlich nichts mit. Er merkte weder, dass ihm Jäger auf der Fährte waren und er merkte auch nicht, dass es in ganz Europa bereits Märsche für ihn gab, in denen gefordert wurde ihn in Frieden zu lassen. Zeitungen berichteten sogar in Amerika und Asien über ihn, doch auch das wusste Bruno natürlich nicht. Sein erheblicher Fleischkonsum wurde ihm nun zunehmend angekreidet. Man nannte ihn mittlerweile ganz offiziell einen *„Problembären"*, und der sympathische Politiker zog seinen Willkommensgruß zurück.

Die meisten Zeitungen nannten ihn nun „Bruno", eine kleine, lokale Zeitung jedoch hatte ihm den Namen „Beppo" verpasst.

Dabei war das doch der Name seines Bruders! Doch Bruno konnte sich an solchen Dingen ohnehin nicht stören. So etwas wie menschliche Namen gab es in der Bärenwelt nicht. Bären hatten so etwas nicht nötig. Nichtsdestotrotz hatte Bruno in den Zeitungen nun zwei Namen, „Bruno" und „Beppo", wohingegen der wahre Beppo nur JJ3 genannt wurde. Sollte da einer mal die Menschen verstehen! Bruno, und nicht nur er, war zu einem Problem geworden, und man versuchte ihn nun einzufangen. Die Menschen stritten sich heftig und lautstark, während Bruno nun einfach dort war, wo er immer hatte sein wollen - in Bayern. Es war für ihn nicht immer einfach genug Nahrung zu finden, so dass er weiterhin täglich große Strecken zurücklegte. Häufig wechselte er daher flink auf die österreichische Seite, wo es den feinsten Honig weit und breit gab, doch kam er immer wieder nach Bayern, dem Land seiner alten Vorfahren, zurück. Bruno war erfinderisch.

Er wühlte in Vorgärten und Müllcontainern, brach Bienenstöcke auf und plünderte zudem in zahlreichen, durchaus sehr halsbrecherischen Aktionen diverse Hasenställe. Die Menschen waren ihm nun hartnäckig wie noch nie auf der Spur. Viele jedoch setzten sich jedoch auch noch immer für ihn ein. Wesentlich mehr Menschen waren an ihm und seinem Schicksal interessiert als an Beppo. Schließlich nannten sie ihn ja auch nicht Beppo, sondern lediglich JJ3.

Und die Menschen haben sich, das kann man überall nachlesen, noch nie für jemanden eingesetzt, der *JJ3* heißt. Sie brauchen einfach einen menschlichen Namen, sonst verlieren sie jegliches Interesse. Bruno wusste von all dem noch immer nichts. Er wusste auch nichts vom Verbleib seiner Brüder Beppo und Lumpaz.

Für so etwas blieb kaum Zeit im täglichen Kampf um das Überleben und gegen den Hunger. Er war ständig auf der Suche nach einem Schaf, einem Kaninchen oder doch zumindest nach einem Bienenstock, der ihn mit Honig versorgen würde. In der freien Zeit genoss er die Sonne, die auf seinen Pelz brannte, und den Wind, der seine Nase kitzelte.

Doch in den Nächten träumte er von ihnen und von ihrer gemeinsamen Kindheit, von gemeinsamen langen Bädern im Fluss und langen Entdeckungsreisen durch die Wälder.

Die Menschen, die nun täglich in der Zeitung über ihn lasen, begannen ihn nun auch privat zu suchen, ganz unabhängig von den professionellen Jägern. Sie wollten sich damit einen „Namen" machen, wie man so sagt.

Eines Tages wurde er gar von einer Gruppe Menschen verfolgt, die auf Rädern durch den Wald fuhren. Bruno richtete sich empört auf und drohte ihnen heftig, so wie es sich für einen Bären gehörte. Angstvoll ließen sie von ihm ab.

Er wurde nun aber selbst zunehmend nervöser und gehetzter.

Spürte er jetzt, dass man hinter ihm her war? Ahnte er sogar, dass man auch seine Brüder verfolgte? Es war Ende Juni als ihn das gleiche Schicksal ereilte, das auch seinen Bruder Beppo bevorstand. Lange war dies von seinen Beschützern herausgezögert worden. Jemand der Bruno hieß den konnte man doch nicht so einfach töten!

Doch auch wenn ihm dieser Protest Zeit verschafft hatte, Zeit, in der sein freies, wildes Bärenleben fortbestehen durfte: Am Ende des sechsten Monats war diese abgelaufen.

Ein heftiger Schmerz, ein Flimmern vor den Augen, dann schließlich brach er tot zusammen. Erschossen. Einfach so. Ihn, der das Leben so geliebt hatte, ihn, der vor Plänen noch ganz angefüllt gewesen war. Diese Pläne waren nun mit ihm gestorben.

Auch das hatte er natürlich nicht ahnen können, ebenso wenig wie das was folgte, denn das können sich nun wirklich nur die Menschen ausdenken. Er wurde ausgestopft und in ein Museum gestellt.

Ganze Schulklassen starrten fasziniert seine Hülle an, bis das Interesse langsam abebbte. Beppo, alias JJ3, der ebenfalls durch eine Kugel fiel, wurde gleich fachgerecht entsorgt. Den Aufwand mit dem Museum übersprang man bei ihm. Niemand möchte Geld bezahlen, um jemanden zu sehen, der keinen Namen hat. Das gilt lebendig oder ausgestopft. Selbst mit Namen lässt das Interesse der Menschen nach. Ohne Namen jedoch entsteht es gar nicht erst. Lumpaz immerhin war das beste Bärenschicksal zugefallen.

Man verlor seine Spur. Und noch heute streift er frei durch Berge und Wälder.

Da er von Anfang an einen ganz besonders vorsichtigen Charakter hatte, war er zunächst in der Schweiz geblieben, in bergiger Gegend, wo man sich auf Anhieb viel besser verstecken und tarnen konnte.

Manchmal träumte auch er von seiner Kindheit, und in diesen Träumen kamen auch Bruno und Beppo vor. Bären können sehr lebhaft träumen.

Wie sie sich ineinander verkeilt gebalgt hatten oder bei ihrer Mutter lagen, wie sie von Abhängen gekugelt, Ameiseneier oder Honig erbeutet hatten.

Solch schöne Träume! Natürlich ohne Namen. Bären brauchen ja keine Namen so wie die Menschen das tun. Aber das wisst ihr ja schon.

Sie erkennen sich auf anderen Wegen. Wenn er nicht schlief, so genoss er die Sonne, die auf seinen dichten, braunen Pelz schien und den Wind, der um seine Bärenschnauze wehte, dass es eine wahre Freude war. Früher, als er mit seinen Brüdern gespielt hatte, da war alles so neu, so offen – gewissermaßen gänzlich ohne Namen- und gerade deswegen mit nichts zu bemessen. Das ist wohl einer der großen Unterschiede zwischen einem Bären und einem Menschen. Ohne Namen, das kann man überall nachlesen, ist man für einen Menschen nämlich nichts wert, das sollte man berücksichtigen – für alle Fälle. Dem, den sie „Lumpaz" nannten war das freilich egal. Er lebte in seiner eigenen Welt.

Die Sonne brannte ihm so wunderbar auf den zottigen Pelz. Er war mittlerweile, von allen unbemerkt, nach Bayern gelangt, in das Land seiner Vorfahren. Es ging ihm blendend, dem alten Pazi.

Natürlich gab es Zeiten, in denen er sich ein wenig allein fühlte. Aber das war ja kein Wunder. Und als unerschrockener Draufgänger konnte er sogar damit umgehen. Es gab etwas, das ihm dabei half:

Da wo er jetzt war, fühlte er sich zuhause und am richtigen Platz.

So etwas ist niemals zu unterschätzen!

Manch einer findet einen solchen Ort sein ganzes Leben lang nicht. Suche hin oder her.

Pazi, zum Glück, war keiner von ihnen. Da er sich äußerst geschickt verhielt, merkte dies außer ihm niemand.

Und das war, soviel steht fest, auch gut so.

Prokyon, der Schmetterling

Dies ist die Geschichte der sieben ungleichen Freunde. Zunächst einmal war da Pittchen, der stille Waller, der die Gedanken aller anderen lesen konnte.

PITTCHEN

Das war eine Fähigkeit, die in beide Richtungen eingesetzt werden konnte: Zum Guten und aber auch zum Bösen.

Vielleicht war Pittchen deshalb immer so nachdenklich und still, denn immerhin trägt einer, der die Gedanken anderer lesen kann, eine außerordentlich große Verantwortung, – selbst wenn er im Wasser lebt, wo alles ein bisschen weniger schwer wiegt als auf dem Land.

Sein einziger Freund, falls bei Pittchen überhaupt die Rede von so etwas sein konnte, war „The Fish", ein recht ängstlicher Hecht, der immer mit dem Strom schwamm, und dem es gelang alles in Gold zu verwandeln, was er mit seiner Schwanzflosse berührte.

THE FISH

Doch das hielt immer nur kurz an, so wie aller Reichtum der Menschen vergänglich ist. Kaum war er weitergeschwommen wurde aus dem Gold dann auch wieder das, was es zuvor gewesen war: Seetang, Algen, Luftblasen oder kleine Steinchen.

Und so blieb allein der Versuch zu Ruhm zu gelangen für „The Fish" ein gänzlich sinnloses Unterfangen, was im Grunde nicht weiter ins Gewicht gefallen wäre, wenn nicht Joe, der Feuersalamander, es sehr genießen würde auf die schnöde Vergänglichkeit der wundersamen Verwandlungen des Fischs hinzuweisen.

PITTCHEN

Lediglich Pittchen vermochte ihn in solchen Augenblicken zu trösten, denn er war es, der die wahren und eher unrühmlichen Gedanken des Feuersalamanders kannte, und der für seinen

Freund die Ausnahme machte sie ihm zu verraten.

Pittchen bewirkte damit, dass der Fisch fortan ruhig und von Joe gänzlich unbeeindruckt blieb, während seine Schwanzflosse nach wie vor alles zu strahlendem Gold verwandelte, was er berührte. Jetzt, da er von Pittchen wusste warum der Feuersalamander so war wie er war, konnte er nichts anderes als Mitleid für ihn empfinden. Wenigstens gab ihm das seinen Seelenfrieden zurück. Und die Freude an dem vergänglichen Glitzern, das dennoch so schön und prickelnd war. Dieser total großmäulige Feuersalamander Joe, der es über alles liebte überall den Ton anzugeben, war der eindeutig Verschlagenste und der größte Draufgänger der gesamten Gruppe, auch wenn man ihm das nicht gleich ansah.

JOE

Joe lebte von der Unsicherheit der Anderen. Mit seinem beeindruckenden Äußeren und seiner listigen Art fiel es ihm nicht schwer andere von seiner generellen Überlegenheit zu überzeugen. Vor gar nichts schien er sich zu fürchten und auf niemanden hörte er. Es war nicht leicht mit ihm auszukommen.

Der Waller Pittchen allein, und nun eben auch „The Fish" wussten, dass es mit dieser vermeintlichen Überlegenheit nicht weit her war.

Denn wer wirklich stark ist hat es eigentlich nicht nötig Witze über andere zu machen.

Doch den anderen gelang es nicht so gut den Salamander zu durchschauen.

ROONEY

Vor allem Rooney, ein Krebs, der ständig Ärger zu verursachen schien, ließ sich von Joe leicht beeindrucken.
Jedes Mal wenn sein Weg den Weg des Feuersalamanders Joe gekreuzt hatte, war er nämlich komplett auf Krawall gebürstet.

JOE

Nur Paula, der ausgesprochen sensiblen Gelb-bauchunke, gelang es in solchen Augenblicken gelegentlich Rooney zu beruhigen.

PAULA

Paula schaffte es zumeist die richtigen Worte zu finden. Verlassen konnte man sich allerdings nicht darauf, so dass sie sich ab und an aus dem Staub machte, wenn es ihr zu bunt wurde, und wenn sich ihre Nerven bemerkbar machten.

Sie war, in der Tat, sehr sanft und sensibel, man durfte ihr eben nicht mit allem kommen.

Dafür erfasste sie aber auch jede Schwingung und hörte sogar das Seegras wachsen.

Sie fand ja, dass Rooney am Meer am besten aufgehoben wäre, weil er dort auch seine Kräfte besser nutzen konnte als hier am Fluß. Irgendwie schien er sich hier nie so richtig wohl zu fühlen in seiner panzerigen Haut.

Rooney war stark. Mit seiner Zange konnte er eindeutig was bewirken, wenn Gefahr drohte. Nur war er manchmal leider kaum noch unter Kontrolle zu bringen.

Es gab nur Paula, die Gelbbauchunke, die das gelegentlich ändern konnte.

Paula verbrachte sehr viel Zeit mit Pittchen.

Ab und zu schüttete sie ihm ihr Herz aus, denn er schien sie einfach so gut zu verstehen wie kein anderer. Das haben Gedankenleser so an sich – doch davon wusste sie nichts.

Vermutlich hätte sie es noch nicht einmal wissen wollen, wenn sie gekonnt hätte, denn

Paula ging davon aus, dass man glücklicher war, wenn man nicht alles wusste. Und nicht nur das. Sie war sogar fest davon überzeugt, dass man umso glücklicher war je weniger man überhaupt wusste. Rooney, der Krebs, war sich nicht sicher: Vielleicht war sie eine besonders kluge Kröte, möglicherweise aber auch nicht.

ROONEY

Doch darauf kam es Paula nicht an – im Gegensatz zu Oskar.

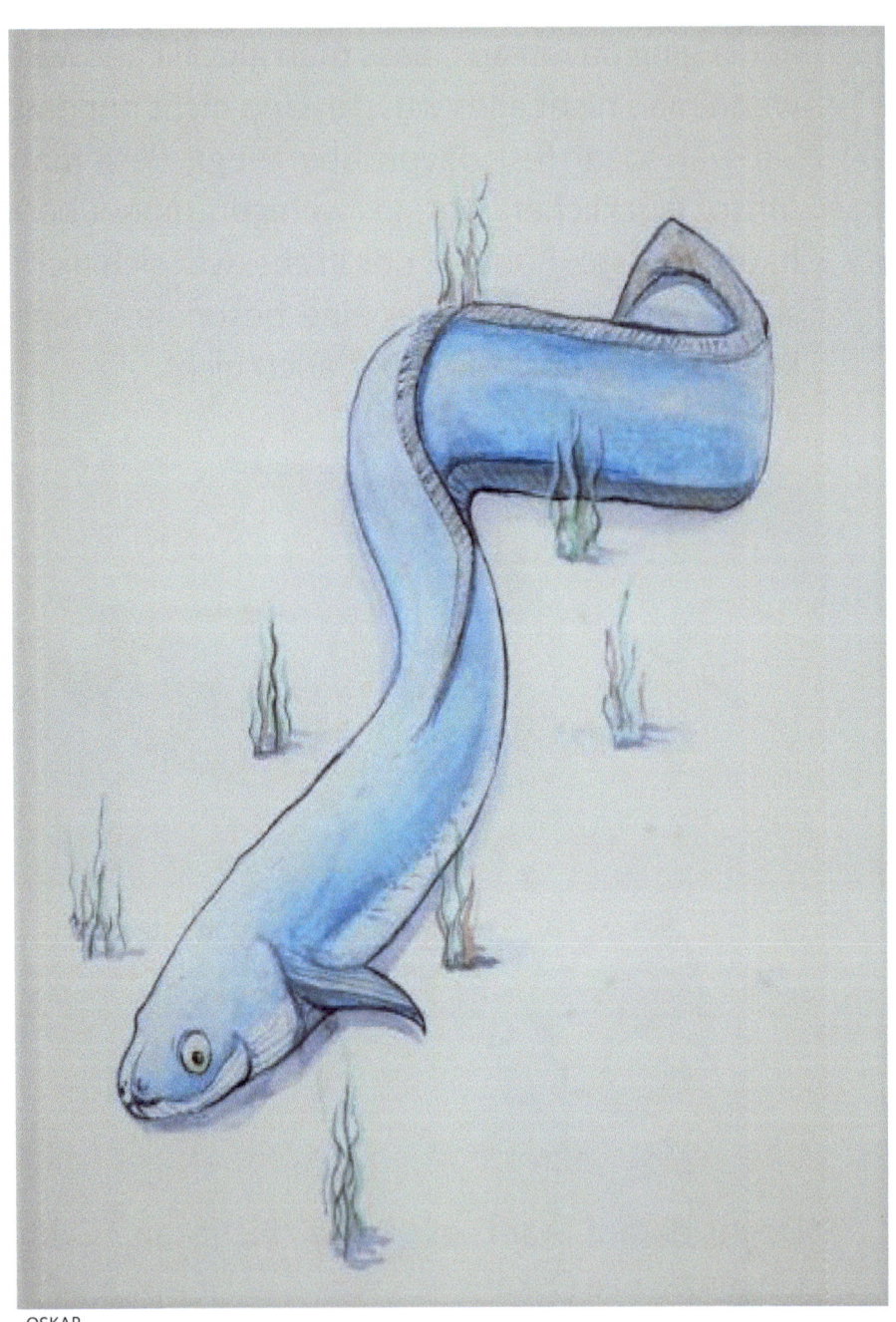

OSKAR

Oskar legte nämlich besonders großen Wert auf die famose und durchaus seltene Tatsache, dass er ein ganz ausgesprochen intelligenter, sehr gebildeter Aal war. Er konnte sogar dichten.

Um es zu beweisen: Hier sind zwei seiner mit dem Neptun-Preis am Bande ausgezeichneten Gedichte. Das erste handelt von Zauberfischen, das zweite von Ungeheuern. Ich denke mal, es waren See-Ungeheuer gemeint.

Es gab also keinen einzigen Zweifel an Oskars geistiger Erhabenheit und Kreativität.

Zauberfische

Zauberfische schwimmen munter

Einmal drüber einmal drunter

Gerade so wie´s ihnen glückt-

Alles and´re wär´ verrückt.

Doch andrerseits: Verrückte Sachen

Zauberfische gerne machen.

Ungeheuer

Ungeheuer gibt's im Wasser, schlimm sind sie dort, jedoch auch nasser.

Weshalb besorgte Meerjungfrauen immer mal nach ihnen schauen.

Erkälten sich ganz ungeheuer - deshalb muss man sie auch schelten,

leichtsinnig wohl allerorts - hier und dort- in allen Welten.

Und darauf, seine geistige Erhabenheit, wies er immer einmal wieder gerne hin. Von ihm stammte die Idee mit der Königsgrotte, wenngleich diese dreist-verwegene Überlegung von ihm zunächst eher theoretischer Natur war.

Da Oskar nämlich alles überaus gründlich durchdachte, manchmal dann auch alles noch in Reime kleidete, fehlte ihm oft der entscheidende Impuls, der vom Gedanken hin zur Tat hätte führen können.

Pittchen wusste das. Auch war ihm klar, dass „The Fish", der mit Abstand Ängstlichste unter ihnen, ebenfalls nicht den Mut hätte zu der Grotte zu schwimmen.

Das Vorhaben wäre somit schon gleich zu Beginn gescheitert- wären da nicht Paula und Joe, der Salamander, gewesen.

Rooney war nämlich abgelenkt, und auch die anderen waren nicht so besonders davon angetan sich für einen Schmetterling, und dann noch für einen den lediglich Oskar kannte, einzusetzen. Rooney mochte den Sternenhimmel wie kaum ein anderer, was für einen Krebs eher untypisch war. In dieser Nacht nun, es war Vollmond, spiegelten sich die Sterne und der Mond so deutlich auf der Wasseroberfläche dass es Rooney so vorkam als seien der Mond und die Sterne geradewegs ins Meer gefallen. Hastig schwamm er zur Oberfläche um einen der Sterne, vielleicht sogar den ganzen Mond einzufangen. Er malte sich aus, zu welcher Berühmtheit ihn dies machen würde. Paula überzeugte ihn mit all ihrer Überredungskunst und erklärte ihm, dass das Retten eines Schmetterlings ihm mehr Berühmtheit und Ehre einbrächte als der Versuch den Mond und die Sterne einzufangen. Joe wiederum, der mit seiner typischen enthusiastischen Großmäuligkeit auch alle anderen mit sich riss, und Paula, der es eigen war jedem Mut und Hoffnung zuzusprechen, so wie dies Gelbbauchunken nun einmal gern tun, bewirkten schließlich, dass sich alle gemeinsam auf den Weg machten. Oskar, der trotz seines großen

Verstandes nicht gänzlich unempfänglich für die Macht mitreißender Emotionen war, entschloss sich nach der glühenden Rede von Joe und Paula, die Expedition zur Grotte nun tatsächlich als Leiter des Ganzen durchzuführen.

Er wollte nun sofort und auf der Stelle mit den anderen dorthin reisen, um den wertvollen grünen Smaragd schnellstmöglich zu erbeuten. Die Zeit drängte, denn der kranke Prokyon, der besondere Schmetterling mit den buntesten Farben, welcher Oskars allerbester Freund war, wurde von Stunde zu Stunde schwächer.

In der Königsgrotte befanden sich vielerlei Schätze, doch der grüne Smaragd war der größte Schatz von allen. Er waren nämlich in der Lage sämtliche Krankheiten zu heilen. Man musste ihn nur für eine Weile berühren, das war alles. Die gierigen Wesen, welche in den Königsgrotten lebten, wussten hiervon jedoch nichts. Für sie war er ein Stein wie jeder andere beliebige Stein auch.

Nur rein materieller Wert war für sie von Bedeutung. Oskar jedoch, der seinem guten Freund, dem geschwächten, wunderschönen

Schmetterling Prokyon unbedingt helfen wollte, brauchte hierfür genau diesen Stein. Sein Ur-Urgroßvater, Ottokar der Siebzehnte, hatte dieses geheime Wissen weitergegeben, und niemand aus der Familie der Aale hat es je vergessen können.

Natürlich erscheint es auf den ersten Blick sehr ungewöhnlich, dass ein Aal ausgerechnet einem kranken Schmetterling helfen möchte, denn normalerweise haben sie nicht gerade viel miteinander zu tun.

Doch bei Oskar und Prokyon war das eben so. Es hatte sich einfach ergeben, und niemand konnte mehr sagen wann.

Prokyon, die sich an einem Drahtzaun verletzt und sich am Fluss ausgeruht hatte in der Hoffnung, dass es ihr bald wieder besser gehen würde, wurde einfach nicht wieder gesund.

Dort hatten er und Oskar sich kennengelernt. So verschieden sie auch waren - gemocht hatten sie sich sofort.

Es war Freundschaft auf den ersten Blick gewesen.

OSKAR

Die Farbe seiner roten Flügel spiegelte sich damals so wunderbar im Wasser, dass Oskar für einen Moment geglaubt hatte, niemals etwas Schöneres erblickt zu haben. Das durfte nicht sterben. Prokyon durfte nicht sterben!

Und so hatte Oskar den Plan mit der Königsgrotte weiter entwickelt und durchdacht. Es war alles gut geplant, und es war kein Zufall, dass er gerade jene ausgewählt hatte, die er dann zum Mitreisen überreden wollte.

Die Königsgrotte, die ja seit Jahren von den gierigen Wesen bewacht wurde, war nicht leicht zu betreten und schon gar nicht leicht zu verlassen. Ganz im Gegenteil.

Keinen Namen gab es für die gierigen Wesen, da niemand sie bisher bei Tageslicht gesehen hatte. Doch allgemein bekannt war ihre Gier.

Daher setzte der Aal auf „The Fish", der mit seiner Schwanzflosse alles in Gold verwandeln konnte. Zwar hielt das nur kurz vor, doch diese Zeit, da war sich Oskar (nach einer aufschlussreichen Unterredung mit Pittchen) sicher, reichte sicherlich aus, um die gierigen Wesen vom versteckt gelegenen Eingang der Königsgrotte abzulenken, so dass sie alle ganz ungehindert und direkt würden hineinschwimmen können. Sie lag nämlich, das war ihr Vorteil, zur Hälfte im Wasser.

Wie Oskar es mit Pittchens Hilfe vorausgesagt hatte, erfüllte es sich. Die gierigen Wesen, die durch das glitzernde, falsche Gold angelockt worden waren, achteten nicht mehr auf den Eingang, so dass es den ungleichen Freunden gelang gemeinsam in die Grotte zu kommen. Pittchen, mit der Sicherheit eines Hellsehers, steuerte direkt auf den Smaragd zu.

PITTCHEN

Allerdings war dieser gut befestigt, so dass es schon mindestens jemanden wie Rooney brauchte, um den Stein mit Kraft und Geschick aus der Verankerung zu lösen.

ROONEY

Selbst dies gelang nur, weil Oskar sich eines klugen Tricks bedient hatte, welcher dem Prinzip eines Flaschenzugs nicht unähnlich war, so dass Rooneys Kraft sogar noch ein wenig verstärkt werden konnte.

OSKAR

Doch nicht einmal dies – für sich alleine genommen – hätte ausgereicht, wenn nicht erneut Paula und Joe die jeweils richtigen, ermutigenden und anfeuernden Worte gefunden hätten.

PAULA

Allein wäre das keinem jemals gelungen. Jeder einzelne für sich, und eben auch alle zusammen, waren für das Gelingen ihres Vorhabens wichtig.

JOE

Mit all ihren Stärken und Schwächen. In dem Moment, als das ihnen selbst mit einem Mal klar wurde, löste sich der Stein aus der schweren Verankerung.

Wie auf einem goldenen Teppich, der alles ein wenig heller machte, schwammen sie hernach allesamt triumphierend mit dem heilenden Smaragd dicht hinter „The Fish" her, aus der Grotte heraus.

Im Sonnenlicht glitzerte alles, das Kontakt mit der magischen Schwanzflosse des „Fishs" hatte, noch sehr viel heller, so dass es ihnen erneut gelang die gierigen Wesen zu täuschen. Noch nie waren sie sich so einig gewesen wie an diesem Tag.

THE FISH

Die Kraft ihrer Freundschaft und Einheit wirkte über den Smaragd hinweg auf Prokyon ein.

Vielleicht hatte auch dieser Fisch, den niemand kannte, und der sich immer dort aufhielt wo man ihn gerade am nötigsten braucht, etwas damit zu tun. Er sah nicht aus wie ein Fisch aus heimischen Gewässern. Etwas unterschied ihn grundsätzlich von all den anderen Fischen, Krabben und sonstigen, hier beheimateten, Unterwasserbewohnern. Doch das will ja nichts heißen...

Um es kurz zu machen: Die Geschichte endete mit einer erfreulichen Nachricht für Prokyon, den Schmetterling. Er wurde geradezu atemberaubend schnell von seiner schweren Krankheit geheilt. Nebenher konnten auch noch ein halbes Dutzend gefangener Meerjungfrauen befreit werden. Vielleicht waren es auch Rochen. So genau konnte man das nicht sagen. Freundlichkeit ist beiden nicht fremd. Das kann ab und an zu Verwechslungen führen.

Doch befreit wurden die Freunde allemal. Damit hatte zwar eigentlich ursprünglich niemand in dieser Form gerechnet, und doch war es ihnen passiert. Manchmal ziehen gute Dinge eben noch weitere gute Dinge nach sich. Und das ist ein Glück. Anders kann man es nicht ausdrücken. Prokyon fand das auch.

Noch eine lange, schöne Zeit war er in der Lage sein farbiges Schmetterlingsdasein sehr zu genießen, sich auf seinen erklärten Lieblingsblüten niederzulassen, über den Wiesen zu flattern und zu schweben, seinen Nektar zu schlürfen und – ab und an – Oskar zu besuchen.

Nach einer Weile bekam er sogar wieder Farbe – was einem Schmetterling wahrhaft wichtig ist.

Gelegentlich bekam er dabei auch die anderen Freunde zu Gesicht – bis auf Rooney.

Der lebte mittlerweile im Meer.

Dort soll er, dies wurde mir aus einer recht zuverlässigen Quelle berichtet, noch immer damit beschäftigt sein in den Vollmondnächten den Mond einfangen zu wollen.

Es ist allerdings eher unwahrscheinlich, dass ihm das jemals gelingen wird.

Doch vielleicht kommt es darauf im Leben auch nicht unbedingt an.

Viel wichtiger war, und das fand auch Mia, dass Rooney im Licht des Mondes gebadet hatte.

Etwas Schöneres kann man sich ja ohnehin kaum vorstellen.

Paula, die Gelbbauchunke, jedenfalls war über die gute Entwicklung von Rooneys Leben mehr als zufrieden.

Von Anfang an hatte sie gewusst, dass es Rooney am Meer am besten gefallen würde. Pittchen gab ihr Recht.

Er hatte es, wie es Gedankenlesern eigen ist, sogar noch vor Paula gewusst.

Den Mond, das habt ihr vielleicht nicht gewusst, kann man aber tatsächlich einfangen. Es bedarf hierzu allerdings einiger Geduld und noch mehr Glück - doch unmöglich ist es nicht. Hierzu bedarf es zudem augenklarer Nächte und eines kühlen Nordwindes, sowie die unbedingte Gunst der Stunde.

Diese augenklaren Nächte sind allerdings ausgesprochen selten. In einem unserer kleinen Menschenleben kommen sie höchstens einmal vor. Die Gunst der Stunde ein wenig häufiger,

Wie es bei Fischen oder Krabben ist kann ich nicht sagen.

Und überhaupt sollte ich es wohl doch lieber für mich behalten, denn was wäre dann die Erde?

Die Welt ohne den Mond? Allein schon deshalb werde ich nichts verraten. Nur dieses Gedicht hier. Aber da kann nichts passieren...hat man mir zumindest versichert.

Mondgefärbt, das ist sie nun, die Welt- der Zauber dieser Nacht

In den Fischen, in den Vögeln, in den Menschen ist erwacht.

Das jahrtausend alte Sehnen nach dem Schein so weit von hier

Sehnt sich Mann, Frau, Kind und Tier, dort und da- grad neben Dir.

Könnt´ man fangen ihn und würde

Ohn´ zu zögern es auch tun,

Würd die Nacht ohn´ Mond ach nimmer

So voll dieses Zaubers ruh´n.

Drum lasst ihn dort wo er am höchsten

Zu seh´n von nah wie auch von fern.

Lasst ihn dort, denn bei ihm ruhet

sein geliebter hellster Stern.

Igor und Natascha

Ich glaube, dass es in ganz Russland niemals ein glücklicheres Hasenpärchen gegeben hat als Igor und Natascha. Die Namen hatten sie sich nicht selbst gegeben, vielmehr stammten diese von Sonja, einem kleinen Mädchen, deren Eltern eine große Hasenzucht besaßen. Die Hasen dort vermehrten sich so schnell, dass Sonjas Eltern mit dem Verkauf kaum nachkamen und sogar einen weiteren Hasenstall anbauen mussten, der so groß wie eine Scheune war, und in dem mehrere hundert Tiere lebten, junge und alte. Nur Igor und Natascha schienen offenbar nicht zur Aufzucht geeignet.

So sehr man sich auch bemühte: Weder Igor noch Natascha wurden jemals Eltern. „Wir müssen sie einschläfern. Das sind ja vollkommen unnütze Fresser", beschloss Sonjas Vater eines Tages ergrimmt. Sonja, die das glücklicherweise mit angehört hatte und deren Geburtstag vor der Tür stand, sagte: „Ich wünsche mir zum Geburtstag nichts außer dem Leben von Igor und Natascha. Bitte schenke sie mir, ich möchte ihnen die Freiheit geben!" Sonjas Vater, Viktor, war von diesem Wunsch überrascht, konnte seiner kleinen, zumeist fest entschlossenen Tochter jedoch ohnehin nichts abschlagen, so dass sie die Hasen bekam und ihnen, wie sie es angekündigt hatte, die Freiheit schenkte. Zuerst hatte es nicht danach ausgesehen, dass die beiden jemals ihr Glück finden würden. „Wozu sind wir dann da?", hatten sie sich mehr als einmal gefragt. Es ist nämlich eben so, dass Hasen normalerweise sehr mit ihren Nachkommen angeben. Sie zählen all ihre Kinder auf, die Enkel und die Urenkel- und manchmal sind das so Schwindel erregende Zahlen, dass man direkt ins Schwitzen kommt- allein bei dem Versuch sich die wahrlich massige Anzahl all dieser Hasen und Häsinnen auch nur vorzustellen.

Natürlich erwähnte man nicht, dass viele von ihnen in Kochtöpfen endeten- das hätte ja die Anzahl verringert, und man machte gerne auf „dicke Hose". Igor und Natascha fragten sich daher oft, ob sie nicht vielleicht doch gänzlich überflüssig auf dieser Welt seien.

Sie kannten sich damals, als sie diesen trüben Gedanken nachhingen, noch nicht. Doch im Augenblick ihres Kennenlernens waren ihre Zweifel wie weggefegt. Igor und Natascha verstanden sich nämlich auf Anhieb, und sie vertrauten sich sofort blind. Sie schauten sich einmal tief in die Augen, und schon war es um beide geschehen. Dann stupsten sie ihre Mümmelnäschen aneinander und ihre Liebe war besiegelt. Vielen neuen Gefahren waren sie nun zwar ausgesetzt, jetzt, wo der schützende Stall nicht mehr da war, der sie vor so manchem Fressfeind beschützt hatte. Dennoch wollte keiner der beiden jemals wieder dorthin zurück. Sie sausten durch die Wälder, kuschelten sich bei Kälte, vor allem in den langen Nächten, eng aneinander, warnten sich immerzu gegenseitig vor Adlern und ähnlichen Raubtieren, die es auf sie abgesehen hatten, und waren auch sonst ein traumhaftes Hasen-Team.

Sie mümmelten die saftigsten Kräuter und deftigsten Gräser, die man sich überhaupt nur vorstellen konnte, hoppelten zu gleichen Teilen verliebt und abenteuerlustig durch Felder und Steppen immer in Richtung des unbeschreiblich majestätischen Baikalsees, den sie zwar nicht kannten, auf den sie jedoch trotzdem hoppelnd, unweigerlich und unaufhaltsam begeistert zusteuerten. Solch atemberaubende Schönheit hätten sie nie vermutet, als sie sich schließlich dort einfanden.

Doch Schönheit und Glück kommen, wie so oft, gänzlich überraschend. Ebenso wie die Freiheit. Das sind die guten Überraschungen, die das Leben auch immer mal für uns- oder für bestimmte Hasen bereithält. Igor und seine Natascha, das überglücklichste aller kleiner Hasenpärchen im großen, weiten Russland, wussten das alles ganz außerordentlich zu genießen.

Lilly Ljubljana oder:

Das unheimlich schlecht gelaunte Rotkäppchen

Lilly Ljubljana lebte in Russland. Ein großer Wald umringte die Siedlung, in der sie mit ihrer

Mutter Larissa lebte. Lilly sah niedlich aus, jedenfalls wenn es nach ihrer Mutter ging. Aus diesem Grund wurde sie auch nicht müde ihr Mützchen und Umhänge, Handschuhe und Söckchen zu stricken und zu häkeln, bis in Lilly Ljubljanas Schrank kaum noch ein einziges freies Plätzchen vorzufinden war. Da die Lieblings-farbe ihrer Mutter rot war, waren auch die meisten ihrer Kleidungsstücke rot – wenn da nicht Lillys Großmutter gewesen wäre, die so anständig war der Kleinen ab und an ein Kleid oder Hosen in deren Lieblingsfarbe zu schenken, nämlich in *wolfsgrau*.

Somit gab es wenigstens ein paar Kleider, die auch Lilly selbst mochte. Keine Farbe gefiel Lilly nämlich besser, vor allem dann nicht, wenn der Stoff auch noch mit winzigen weißen Punkten durchsetzt war. Lilly war keineswegs so niedlich wie ihre Mutter dachte. Sie konnte raufen und spucken wie ein Kerl, und niemand wusste wo sie all die Schimpfwörter her hatte, mit denen sie jeden belegte, der ihr gerade dumm kam.

Auf den Kopf gefallen war Lilly jedenfalls nicht, soviel stand schon einmal fest.

Was ihr gehörig die Laune verdarb, waren all die roten Käppchen, Söckchen und Mützen und die Tatsache, dass sie mit geflochtenen blonden Zöpfen herumlaufen musste, weil ihre Mutter das entzückend fand. Gleichzeitig wollte Lilly ihre Mutter nicht kränken, da sie sie schon in Ordnung fand – von dem Fimmel mit dem Aussehen abgesehen. Also sagte sie nichts, zog die roten Kleider an, ließ sich die Haare bürsten und flechten und wurde dabei immer missgelaunter.

Das Einzige, was in solchen Fällen half, war ein Spaziergang zu ihrer Oma, die ein paar Kilometer entfernt wohnte. Durch den Wald gefiel es ihr am besten, die Bäume dort beruhigten sie ein wenig. Das Grün ihrer Blätter und Nadeln war ein gutes Gegengewicht zu dem ewigen Rot, das ihr mittlerweile gehörig auf die Nerven fiel. Ja, ein Besuch bei der Großmutter war in solchen Fällen einfach das Beste! Meistens brachte sie ihr noch etwas zu essen mit. Es war nicht so, dass ihre Oma arm gewesen wäre, doch hatte sie nie genug Kuchen da, wenn einmal Besuch kam.

Der Grund war der, dass sie den Kuchen immer ganz allein verdrückte, weil es nichts gab, das ihr auch nur annähernd so gut schmeckte wie Kuchen. Also zog Lilly auch heute los, um ihre Großmutter zu besuchen.

Ihre Mutter hatte ihr wieder einmal Kuchen und außerdem saftige Fleischbällchen und Würste eingepackt. Sie nahm, wie meistens, die praktische Abkürzung durch den Wald, obwohl das, ganz besonders ihrer Mutter, überhaupt nicht Recht war. „Du weißt, Lilly Ljubljana", sagte sie streng, „dass es im Wald Wölfe gibt!". Lilly konnte da nur müde lächeln. Bei ihrer schlechten Laune sollte ihr mal ein Wolf unterkommen! Der würde sich aber warm anziehen müssen, verdammt warm! Wenn er sich nicht vorsah würde sie ihn in der Luft umherwirbeln! Noch während sie das dachte, wurde ihr von ihrer Mutter wieder einmal ein rotes Mützchen aufgesetzt, ein roter Umhang festgezurrt und ein rotes Tuch über den Picknick-Korb gelegt. „Du siehst entzückend aus, ganz entzückend", jubelte diese daraufhin und klatschte vor Begeisterung in die Hände.

Wölfe und ähnliche Gefahren hatte sie wieder vergessen, was typisch für ihre Mutter war. Kaum sah sie ein rotes Käppchen, war es auch um sie geschehen. Lilly verdrehte die Augen, zog die Tür hinter sich zu und machte sich, unheimlich schlecht gelaunt, auf den Weg zu ihrer Großmutter. „Du siehst entzückend aus!" hallte es in ihrem Kopf nach. Lilly kickte wütend einen Ast zur Seite, so dass ein Eichhörnchen erschrocken vor ihr floh. „Du feige Nuss", schimpfte ihm Lilly erbost hinterher. Sie war gerade dabei sich mächtig in ihre Wut hineinzusteigern, als sie ihn sah - den Wolf, noch nicht einmal fünf Meter von sich entfernt. „Du kommst mir gerade recht", zischte sie ihn an, denn ihre Wut steuerte mittlerweile auf einen solch mächtigen Höhepunkt zu, dass sie sich und ihre Kräfte bei weitem überschätzte. Als sie auch noch feststellte, dass der Wolf nicht im Rudel, sondern vielmehr ganz allein war, verstärkte sich ihr Leichtsinn noch, und sie begann ihm zu drohen und ihn mit wüsten Schimpfwörtern zu überhäufen.

Der graue Wolf schlich, davon unbeeindruckt, interessiert und vorsichtig um sie herum, kam nicht zu nahe und beobachtete sie aufmerksam eine Weile, bevor er sich dann, Lillys Geschimpfe zum Trotz, dem Picknickkorb näherte. „Der Kuchen, die Würstchen und die schönen Buletten", dachte Lilly alarmiert. Nun bemerkte sie, dass der Mut sie doch etwas verließ, auch der Zorn fiel in sich zusammen, als der Wolf sich mit einem begnadeten Appetit an Fleischküchlein, Würste und sogar an den Kuchen machte. Sie überlegte zwar zunächst kurz was wohl die Großmutter zu dem leeren Korb sagen würde, dachte dann aber, dass der Wolf vermutlich einen größeren Hunger hatte. Er wirkte etwas mager. Zudem gefiel ihr die Farbe seines Fells, nämlich reines wolfsgrau, ganz außerordentlich gut, was sie zugeben musste. Also beobachtete sie den Wolf mit seinem riesigen Appetit, bis dieser kein Krümelchen mehr übrig gelassen hatte und ziemlich zufrieden wirkte. „Bist du jetzt fertig?", fragte sie, nun schon etwas freundlicher gestimmt. Natürlich war von einem Wolf keine

Antwort zu erwarten, so dass sie den leeren Korb nahm und eilig in das Haus der Großmutter lief, die schon auf sie gewartet hatte. „Lilly, sag mal, hast du Kuchen dabei? Ich habe mächtigen Hunger". Lilly verdrehte erneut die Augen. Ihre Oma hatte ja wirklich nur das Eine im Sinn. „Nein, leider", antwortete Lilly. „Der Korb ist mir umgekippt, und alles lag am Boden verstreut", behauptete sie. „Schneller als nur einer sehen konnte war alles mit Ameisen und Käfern übersät, da hab ich es lieber liegenlassen." Die Großmutter entwand ihr ungläubig den Korb. „Der ist ja wirklich leer", jammerte sie, dabei hob sie zu einem Reim an. Keine Ahnung, wo ie den nun wieder her hatte:

Gänseschmalz und allerlei,

Grauer Wolf, wir sind jetzt frei

Uns´re Angst ist nun vergangen,

Vor Dir wir niemals wieder bangen!

Schleichst Dich heimlich in die Betten,

Frisst uns weg alle Buletten!

Schreib Dir das hinter die Ohren,

Hast im Haus gar nichts verloren!

Hier gibt´s für Dich so gar kein Futter,

Tabu ist auch die große Mutter.

Wer Großmütter in seinem Magen,

Den wolln´wir hier nicht mehr ertragen.

Hinweg, sonst wirst du noch erschlagen!

Das nahm ein wenig den Druck aus der ganzen Sache. Doch Lilly war nicht vorsichtig genug gewesen, um noch einmal in den Korb zu sehen, zog ihre Großmutter ein Büschel Wolfshaare zwischen den Lücken des geflochtenen Korbes hervor. „Du warst in Gefahr!", jammerte sie nun noch lauter, „und ich dachte nur an meinen blöden Kuchen! Du armes Kind, komm her!" Und sie drückte Lilly Ljubljana so fest an ihren großen Busen, dass Lilly kaum noch Luft bekam. „Ich will gar keinen Kuchen", jetzt begann sie Lilly auch noch auf den Kopf zu küssen. „Auch das noch!" Lilly machte sich ganz steif. „Ich bin sowieso viel zu fett, ich will nur meine süße, kleine Lilly!" „Wenn sie so weitermacht", dachte Lilly, „wird sie mich am Ende ebenso sehr verschlingen wie der Wolf das Rotkäppchen im Märchen!"

Doch soweit kam es zum Glück nicht. Nach ein paar Minuten hatte ihre Großmutter sich wieder im Griff. „Ich werde jetzt mal ein ernstes Wort mit deiner Mutter reden, Kind!" „Wieso das denn"? wollte Lilly wissen. „Na hör´ mal, Lilly!" Die Großmutter war noch immer ziemlich aus dem Häuschen. „Immer mit diesen roten Klamotten! Da sieht dich ja ein Blinder 100 Meter gegen den Wind. Meine arme, arme Lilly!" Oma jammerte immer weiter. „Mit solchen Kleidern bist du niemals gut getarnt. Ist doch klar, dass du viel mehr Sachen in wolfsgrau brauchst!". „ Meinst du wirklich?" Lilly gefiel der Gedanke. „Vielleicht sogar noch mit kleinen, süßen weißen Tüpfchen darauf?" „Unbedingt mit vielen weißen Tüpfchen! Beschloss die Großmutter mit einem Gesicht, das absolut keinen Widerspruch duldete. „Na, dann rede mal mit ihr, Oma", meinte Lilly. „Schaden kann das auf gar keinen Fall!" „Würde ich aber auch sagen", brummte die Großmutter zurück, „immer dieses rote Zeug!

Kein Wunder, kein Wunder, zieht doch nur die Wölfe an!" Lilly nickte bekräftigend und zog ein Mitleid-erregendes Gesicht.

Das konnte sie gut. „Mein armes Kind." Oma war ganz aus dem Häuschen!

„Ganz dringend muss ich mal mit Deiner Mutter reden – wirklich ganz dringend!"

Dann schlurfte sie in die Küche, um ihrem Gast wenigstens etwas zu essen anzubieten. „Habe leider nur noch so ungefähr fünf schrumpelige Rüben und ´ne Tube Senf da. Ich hoffe das macht dir nichts aus?"

„Natürlich nicht", behauptete Lilly tapfer, „ich habe einen Wolfshunger, ehrlich!" und biss zum Beweis kräftig ab, wobei sie versuchte anschließend das Gesicht nicht allzu sehr zu verziehen.

Das wäre doch einen Tick zu unhöflich.

„Vielleicht noch etwas Senf dazu?"

Lilly stöhnte, ein fast unhörbares „nein" verlies kläglich ihren Mund. Danach schütteten sich beide vor Lachen aus. Diese Besuche bei Oma waren aber auch wirklich mit Abstand die besten.

Rosamunde, das Junischweinchen

Rosamunde war ein Junischweinchen. Sie war in der Nacht auf den ersten Juni geboren worden, um fünf Uhr früh, um genau zu sein. Rosamunde war außergewöhnlich schön, so dass der Bauer beschloss, dass aus ihr zu Weihnachten kein Braten werden sollte. Vielmehr wollte er auf Ausstellungen ein wenig mit ihr angeben, was man ja immerhin verstehen kann, wenn man bedenkt, dass das Leben eines Bauern stets von harter Arbeit geprägt ist. So eine kleine Abwechslung ab und an würde ihm sicherlich gut tun. Niemand konnte ihm das verübeln. Rosamunde hatte ganz lange Wimpern und dadurch einen geradezu atemberaubenden Augenaufschlag. Wenn sie dann auch noch ihr Kränzchen aus Junigras trug, dann waren sich alle Juroren einig, dass dieses Schweinchen keinen geringeren als den ersten Platz verdient habe. Niemand wusste, dass Rosamunde lieber dunkle Sonnenbrillen und Rocker-Klamotten trug. Das behielt sie für sich. Ebenso, dass es ihr größter Wunsch war Mutter zu werden. Nur mit dem Augenaufschlag, dem jungsäulichen Getue und dem Junikränzchen konnte es etwas werden mit ihrer Karriere. Und eine solche wollte Rosamunde unbedingt – wenn sie schon auf das Andere verzichten musste! Es gab nämlich etwas, was sie der Welt mitteilen wollte. Das ging nur auf diesem Weg, da war sie sich sicher. Man bildete sie auf Plakaten ab, Bilder von ihr tauchten im Internet auf und verbreiteten sich in der ganzen Welt. Der komplette Jahres - Umsatz an Junikränzen und Parfüm, das nach Juni-Gras roch, wurde zu so einer solch erfolgreichen Wachstumsbranche, dass man durchaus von einem „Boom" sprechen konnte. Alle wollten so schön sein wie Rosamunde. Auch die Aktien von Rouge und spezieller Wimperntusche stiegen beträchtlich. Besonders die Frauen wollten ihrem koketten Augenaufschlag das gewisse Etwas verleihen und ihrem Teint in Punkto Rosigkeit ein wenig nachhelfen. Der Bauer eröffnete in Rosamundes Namen sogar einen eigenen Internet-Account. Auch dort brach sie mit ihren zahlreichen Anhängern sämtliche Rekorde. Kurzum: Rosamunde war aufgestiegen und zu einem international gefeierten Star geworden. Zwar hieß sie mittlerweile, der Einfachheit halber, nur noch „Rose" (auch weil es internationaler klang) doch handelte es sich ganz unverkennbar um sie, um Rosamunde, das Junischweinchen. Sie wurde zu allen wichtigen Presseterminen mitgenommen, präsentiert, und von zahlreichen, renommierten, exaltierten und zumeist äußerst aufgeregten Fotografen und Fotografinnen gar professionell ausgeleuchtet und abgelichtet. Sie musste auch Autogramme geben, indem ihre kleine Sauklaue in ein rotes Stempelkissen gedrückt wurde, so dass sie kleine rote Stempel auf den Autogrammkarten hinterlassen konnte, was ganz besonders von den U.S.- amerikanischen und argentinischen Fans sehr geschätzt wurde. Rose reiste nach Mailand, Buenos Aires, Brasilia, London, Paris, Rom, Tokio und Moskau, nach Stockholm, Düsseldorf, Reykjavik, Mainz, Kopenhagen und Amsterdam. Madrid und St. Petersburg standen ebenfalls auf ihrer Reiseliste. Rose jedoch hasste Büffets. Wenn sie Würste oder Steaks dort entdeckte quiekte sie, gar nicht damenhaft, stapfte auf und verließ empört den Raum. Nur Soja kam für sie in Frage. Das war ja wohl klar! Selbstverständlich reiste Rose immer erster Klasse, man wollte die Strapazen für sie gering halten. Immerhin befürchtete man zu viel Umtrieb und ständige Aufregung könnten ihrer Schönheit schaden. Man hatte nicht bedacht, dass solcherlei Bemühungen nicht ausreichten, denn Rose war, wie jedes Lebewesen auf dieser Erde, dem Altern unterworfen. Schweinchen haben eine weitaus geringere Lebenszeit als Menschen, sogar dann, wenn sie bedauerlicherweise nicht schon frühzeitig als Braten enden. So verging auch die Schönheit der einst so gefeierten Rose.

Alsbald, es war nun mit ihrem Tod zu rechnen, und der Bauer hatte ihr aus diesem Grund einen besonders prachtvollen Kranz aus Junigras anfertigen lassen, hatte sie nur noch den Wunsch zuhause zu sterben. Rose konnte zwar nicht sprechen, doch der Bauer verstand sie auch ohne Worte. Man begann ihn aus diesem Grund für etwas schrullig zu halten, doch da er mittlerweile, dank Rose, ein reicher Mann war, billigte man ihm eine gewisse Verschrobenheit zu. Und so wunderte es auch niemanden, als er nach ihrem Tod verlauten ließ, es sei Roses eindeutiger und aller-dringlichster Wunsch an ihn gewesen die Schweinezucht aufzugeben und in das Soja-Geschäft einzusteigen. Da der Bauer ein Mann der Tat war, hielt er sich an diesen Wunsch und baute in kurzer Zeit ein Soja-Imperium auf, das seinesgleichen suchte. Er dehnte das gesamte Verkaufsgebiet sogar bis nach Asien aus, was ungewöhnlich ist, da Asien ja im Grunde bereits über genug Soja-Produkte verfügte. Doch reiste er persönlich durch China, Japan und Korea um seine ganz persönlichen Soja-Rezepte im Sinne von Rose weiterzugeben. In Asien wurde er freundlich empfangen.

Man fand ihn etwas wunderlich, aber das störte auch dort niemanden. Dass er das Herz auf dem richtigen Fleck hatte, daran jedenfalls konnte es keinerlei Zweifel geben.

Und seine Soja-Produkte! Oha, sie kamen mehr als gut an! Aber wen wundert das? Er bereiste nacheinander alle Kontinente. Das Rezeptbuch trug er immer bei sich. Und in jedem Land lernte auch er etwas Neues hinzu, so dass seine eigenen Rezepte immer besser und besser wurden.

Seine Soja-Produkte schmeckten den Menschen weltweit, so dass mit der Zeit immer weniger Schweinchen geschlachtet wurden. Besonders die Soja-Reihe „Rose", eine enorm delikate Mischung aus verschiedenen, mit allen Juni-Kräutern und edlen Gewürzen versehenen biologisch-pflanzlichen Soja-Würstchen, wurde zum erklärten, ja gar zum unumstößlichen Publikumsliebling.

Wie viele Leben dadurch insgesamt gerettet werden konnten ist nicht bekannt. Doch jedes einzelne, da bin ich mir sicher, zählt.

Faul wie Bienen

Milda und Toni waren geradezu legendär faule Bienen. Aus dem Bienenstock hatte man sie aus diesem Grund bereits ausgeschlossen. Nun lungerten sie den lieben langen Tag auf Blüten herum und fraßen sich dabei so voll, dass sie nicht einmal mehr richtig fliegen konnten. Doch das juckte sie überhaupt nicht. Solange sie es wenigstens noch zur nächsten leckeren Blüte schafften, war alles für sie geritzt. „Diese Streber", schimpften sie gereizt auf die anderen Bienen. Und auch sonst klang das, was sie über sie sprachen, nicht besonders schmeichelhaft. Den anderen Bienen war das aber selbstverständlich egal. Sie gingen ihrer Arbeit nach und kümmerten sich nicht um die beiden faulen Vielfresser.

Der Bienenstock gedieh und wurde zu einer wahren Pracht. Währenddessen wurden Milda und Toni immer fauler und fauler, immer dicker und dicker und missgelaunt obendrein.

Vermutlich wäre das immer so weitergegangen, wenn nicht ein Angriff von Wespen auf den Bienenstock gedroht hätte. Milda und Toni waren zufällig Zeugen dieses Plans geworden. Mit letzter Kraft schleppten sie ihre plumpen Körper zurück zum Bienenstock, um ihre ehemalige Familie zu warnen.

Man glaubte ihnen, wusste aber nicht wie man die Eingänge am besten vor den Feinden schützen sollte. In Bienensprache (die ein Tanz ist) forderten sie Milda und Toni daher zunächst einmal höflich auf doch hereinzukommen, so dass man im Inneren des Stocks weitere Unterredungen würde führen können. Man war durchaus nicht abgeneigt die beiden wieder aufzunehmen. Unglücklicherweise — oder vielleicht eher doch glücklicherweise, blieben beide mit ihren mächtigen Hinterteilen im Eingang stecken wie große, fette Korken.

Die Wespen hatten somit keinen Zugang zu dem mit Honig prall gefüllten Bienenstock und mussten ihren Angriff prompt abblasen. „Seht ihr!", triumphierte Milda, „Faulheit kann ab und an auch etwas für sich haben, da staunt ihr!" Auch Toni war sehr stolz auf die entscheidende, wichtige Rolle, die ihm in dieser brenzligen Situation zugefallen war und setzte ein selbstgefälliges Gesicht auf. Die anderen Bienen ignorierten das dezent und höflich. Milda und Toni wurden auf Diät gesetzt. Wie lange es jedoch dauerte bis der Bienenstock wieder einen freien Eingang hatte, kann ich nicht sagen. Doch einige Tage und Nächte hat es ganz bestimmt gedauert, ganz bestimmt. Gepasst hat ihnen das nicht, soviel steht fest. Immerhingefeiert hat man sie dann schließlich doch. Wie so ein Bienenfest aussieht kann ich Euch verraten. Erst einmal. Als ein Zuckerschlecken kann man es nicht unbedingt bezeichnen. Im Gegenteil. Bei Bienen läuft alles nach einem straffen Plan ab, da gibt es keine halben Sachen.

Für etwas individualistischere Charaktere wie Milda und Toni war das nicht unbedingt sehr angenehm. Beim Bienentanz gerieten sie aus dem Takt, und dann zogen sie sich zu allem Überfluss auch noch den Spott der anderen zu, da sie immer noch etwas dicker waren als die gewöhnlichen Bienen. „Hummeln" hatte man sie genannt, was beide, ehrlich gesagt, ziemlich nervte. Beim Bienenfest gab es allerdings auch feinen Nektar und überhaupt Köstlichkeiten, die weder Milda noch Toni verachteten. Also machten sie gute Miene zu all dem und waren, wie immer, hin- und her-gerissen. So eine große Bienen-Familie hatte ja durchaus etwas für sich. Nur diese ständige Kontrolle. Aber sie wären nicht Milda und Toni, wenn ihnen nicht immer einmal etwas eingefallen wäre, um diese Regeln zu umgehen.

Allerdings gingen sie jetzt vorsichtiger vor. Ausgeschlossen werden war doch nicht so toll, fand Toni. Und Milda stimmte ihm langsam zu. Sie war etwas faul, und die Dinge dauerten etwas länger bei ihr. Aber dann, zwischen einem Nektar und einer Pusteblume, nickte sie dann schließlich doch.

Fennek

Fennek war ein kleiner Wüstenfuchs, der, weil er so niedlich aussah, von einer Familie ein-gefangen worden war, die ihn als Haustier halten wollte. Sie wussten nicht was sie Fennek damit antaten. Er war es gewöhnt durch den Sand zu toben und zu rennen, den weiten Nachthimmel über sich zu sehen und sich mit anderen Tieren zu messen. Nun lebte er in einem Zelt. Kinder trugen ihn auf dem Arm umher als hätte er keine Beine.

Sie küssten und streichelten ihn, bis ihm beinahe die Luft wegblieb und fütterten ihn mit Speisen, die ihm nicht gut bekamen.

Sie wussten nicht, dass er am liebsten etwas ganz Anderes gefressen hätte. Zwar war er eigentlich nicht sehr wählerisch, doch der Kuchen, den sie ihm täglich fütterten, war schädlich für ihn. Es ging ihnen nur darum ihn zu besitzen, da er wie ein kleines Stofftierchen aussah. Fennek wurde immer trauriger. Noch nicht einmal Fressen wollte er. Er bellte heiser in den wenigen unbeaufsichtigten Augenblicken mit seiner hellen, feinen und dünnen Stimme in der inständigen und verzweifelten Hoffnung ein anderer Wüstenfuchs würde ihn hören und ihm helfen zu entkommen. Doch jedes Mal ergriff ihn sogleich ein anderes plumpes oder zartes Paar Menschenhände, streichelten, hielten und drückten ihn die Kinder aus der Familie, in der er nun lebte. Vom klebrigen Kuchen war ihm nun oft ganz elend zumute. Beinahe hätte er sogar aufgehört nach einem anderen Wüstenfuchs zu suchen. Doch die Sehnsucht nach der

Weite war auch ihm tief angeboren, so dass er, den Widrigkeiten zum Trotz, niemals aufgab.

Das war, wie man sich vorstellen kann, letztlich von Vorteil für ihn. Wie sonst hätte Fenja, die zierliche, doch zähe kleine Wüstenfüchsin, ihn hören können? Klein war sie, doch gerissen wie keine zweite. Fenja war die jüngste Tochter aus einem stolzen Wüstenfuchs-Geschlecht, das von Füchsinnen angeführt wurde. Obwohl es also durchaus normal war, dass die Weibchen unerschrocken und mutig waren, so war Fenja sogar für diese Verhältnisse noch etwas Besonderes. Eine größere Draufgängerin als sie hatte man in der Wüste selten erlebt, und das, obwohl sie vom Körperwuchs her alles andere als groß war. Bereits in ihren allerersten Lebenstagen war dies allen aufgefallen. Fenja war wild, frei, und zu allem entschlossen. Von niemandem ließ sie sich etwas sagen, und wehe dem, der versucht hätte sie einzusperren! Wohl wäre es ihm nicht bekommen. Fenja unternahm lange Ausflüge, meist auf eigene Faust und zu jeder Tages- und Nachtzeit. Einfach nichts konnte sie bremsen.

Bis auf diese Töne, die sie mit einem Mal vernahm. Sie stammten von Fennek, der noch immer Hilfe suchte. Es war sein größtes Glück, dass sein Durchhaltevermögen ihn davon abhielt aufzu-geben. Zugegebenermaßen: An einigen Tagen und Nächten hatte er nicht geheult und nicht mehr auf sich aufmerksam gemacht. Sinnlos und aussichtslos war es ihm erschienen. Doch eine Stimme in ihm, ein innerer Instinkt, eine Kraft, stärker als alles andere, hatte ihn doch immer wieder dazu ermutigt weiter nach Hilfe zu rufen. Nun war es soweit. Fenja war endlich auf ihn aufmerksam geworden, seine Rettung nahte. Denn wenn Fenja sich etwas vornahm, und das tat sie in dem Augenblick bereits, dann war die Sache sozusagen bereits geritzt.

Sie war es also, die Fennek schließlich wieder dorthin brachte wo er hingehörte. In geduldiger Kleinarbeit hatte sie das Zelt, in dem Fennek gefangen gehalten wurde, unterhöhlt. Seine Stimme hatte es ihr nämlich von Anfang an angetan. Wüstenfüchsinnen wissen genau was sie wollen.

Und sie tun sehr viel dafür die Ziele, die sie sich gesteckt haben, auch zu erreichen. Es gelang ihr sich beinahe unsichtbar zu machen – so vorsichtig grub sie an dem Fluchtgang, der gerade groß genug war, dass Fennek samt seiner mächtigen Ohren genau hindurchpasste.

Sie legte sich auf die Lauer, horchte exakt auf die Bewegungen und Geräusche der Menschen und gab ihm das entscheidende Signal, welches ihn darüber in Kenntnis setzte, dass die Luft rein und der perfekte Zeitpunkt für eine aussichtsreiche Flucht gekommen war. Fennek wiederum zögerte keine einzige Sekunde, obgleich sein Herz so rasend schnell klopfte, dass keine Wüstentrommel nachgekommen wäre. Er vertraute Fenja, zudem wusste er, dass dies wohl seine einzige Chance bleiben würde seinem Gefängnis zu entkommen. Geschickt manövrierte er sich durch den Fluchtgang hinaus aus dem Zelt, das zu seinem dunklen Gefängnis geworden war. Währenddessen schliefen die Menschen, noch satt von ihrem Abendessen, Fladen, Tee und Kuchen, in ihren gemütlichen Betten und bemerkten nichts von

Fenneks heimlicher, gänzlich stiller Flucht. Aufmerksam beobachte die kleine Füchsin, Fenja, das gesamte Treiben, stupste den frisch Geflohenen kurz liebevoll mit der Schnauze an, nachdem er sie neugierig aus dem Fluchtgang streckte und verschwand mit ihm leise, dezent und auf Nimmerwiedersehen in der prächtigen, klaren Wüstennacht. Fennek, der schon beinahe die Schönheit seiner Wüste vergessen hatte, kam aus dem Staunen gar nicht mehr heraus. Beinahe war es so wie ein zweites Mal geboren zu werden. Das klang zwar etwas übertrieben, doch genauso fühlte es sich für Fennek an. Er entdeckte in jener Nacht und in den darauffolgenden Tagen alles neu. Was er alles hörte! Und wie wunderbar ihn die großen Ohren vor der Sonne schützten. Er brauchte wahrlich kein Zelt das ihn einsperrte! Fenja war sehr zufrieden mit sich. Alles war ganz genauso gelaufen wie sie sich das vorgestellt hatte. Doch das war andererseits auch kein Wunder:

Kleine Füchsinnen, wie Fenja, sind nämlich zu keinem Zeitpunkt und unter keinen Umständen zu unterschätzen.

Verda, das kritzegrüne Marsmädchen

Verda, das kritzegrüne Marsmädchen, war ziemlich aufgeschlossen und sehr beliebt. Obgleich niemand auf ihrem Planeten wirklich an die Existenz außerirdischen Lebens glaubte, machte Verda eine Ausnahme. Sie trug sogar Transparente mit sich umher, auf denen sie darauf hinwies, dass sie an die Existenz von Menschen glaubte. Das Marsmädchen konnte nämlich etwas, das nicht gerade alltäglich war. Sie konnte singen. Zugegebenermaßen war es kein besonders schöner Gesang, vielmehr war es wohl am ehesten mit dem verzweifelten Gekrächze eines zutiefst erkälteten Erd-menschen zu vergleichen. Und trotzdem war da etwas Besonderes in ihrem Gesang.

An manchen Tagen nämlich, ganz ohne Vorwarnung, leuchtete etwas anderes hinter diesem Geröchle hervor. Man hatte Kunstwerke und Walgesang ins All geschickt, Musik von Mozart, Beethoven und Rossini, den Gipsabdruck eines besonders schön und entzückend rund geformten weiblichen Hinter-teils hatte man praktischerweise gleich mit hinzugefügt, doch nichts davon hatte das Interesse der Marsbewohner, die von Natur aus nicht sehr emotional waren, auf sich ziehen können. Nur Verda war von der Musik begeistert, obgleich sie sie zugleich auch traurig machte, da sie GEFÜHLE in ihr hervorrief. Etwas, das in ihrer Umgebung so gut wie unbekannt war. Man verstand daher auch nicht wie sich Verda nun aufführte. Sie sang immer weiter, und ihr größter Wunsch war es nur einmal wenigstens anderen Menschen zu begegnen. Ab und an gelang es ihr mittlerweile einen Ton zu treffen. Einen Ton, der ihr selbst so etwas wie Tränen der Begeisterung in die Augen trieb. Doch dann wurden aus diesen Tränen den Glückstränen, die Tränen der Traurigkeit, und Verda zog sich immer mehr zurück.

Schließlich gar stellte sie das Singen ein.

Doch der Weltraum, der anderen Gesetzen folgt als wir das hier auf Erden kennen, vergaß Verdas Gesang nicht. Er hallte noch lange nach. Man hatte in der gesamten Wissenschaft bis zu diesem Zeitpunkt angenommen, dass es im Weltraum keine Geräusche gäbe – doch da hatte auch noch niemand mit Verda gerechnet. Ganze Jahrzehnte lang hallte ihr Gesang nach – bis er eines Tages als Signal von den Erdbewohnern aufgefangen wurde. Ein auffälliges Rauschen zunächst nur, doch dann hörte man Verda klar und deutlich. Man stellte daher die bisherigen Erkenntnisse über das Weltall komplett um. Insbesondere Prof. Dr. Dr. Wilbur von Wiesenberg beschrieb ihren Gesang als das *„Paradoxon des universellen Klangs – ein Paradigmenwechsel"* und erhielt dafür einen Preis. In seiner Rede bei der Preisverleihung nannte er Verda nur: *„Objekt X"*. In der Wissenschaft werden nämlich selten Namen verwendet, das wäre vermutlich zu emotional. Gerne hätte man sie entdeckt, und noch viel lieber hätte Verda die Menschen gefunden, von denen sie sich so viel versprach.

Auf ihrem eigenen Planeten war sie nun gänzlich zur Fremden geworden, und in den unendlichen Weiten des Weltraums gelang es den Erdmenschen nicht Verda zu finden.

Eine Wand war nun zwischen sie und ihre nächsten Angehörigen getreten, und das blieb so bis zu ihrem Tod – viele Dekaden später. Doch noch immer ist es zu hören, auch auf der Erde und für immer im Weltraum bewahrt: Ihr Gesang.

Namhafte Wissenschaftler, angeführt von der forschen Ur-Ur-Ur-Enkelin von Wiesenbergs, selbst ihrerseits Feldforscherin, Privatdozentin, hochdekorierte Ehrensenatorin und Professorin Dr. Dr. Eleonore von Wiesenberg, begannen noch ein anderes, recht seltsames Phänomen nach Verda zu benennen, nämlich (etwas hölzern) *das Sui-generis- Phänomen von angenommener Kausalität der zugleich reziproken wie induzierten, klang-basiert-visuellen Prozesse nach Objekt X*, denn immer dann, wenn Verda einen Ton richtig traf, schienen all die vielen Sterne ein klein wenig enthusiastischer zu funkeln als sonst.

Alexandr Alexandrowitsch

Alexandr Alexandrowitsch war ein höfliches, zumeist gut gelauntes Hündchen. Mit seinem Herrchen kam es auf das Beste zurecht. Kaum etwas schätzte es mehr als die langen, zahlreichen Spaziergänge mit ihm – höchstens vielleicht noch die schönen, weichen und kuscheligen Stunden, welche es oft auf seinem Schoß verbringen durfte.

Alexandr Alexandrowitsch war nämlich ein ausnehmend verschmustes Hündchen, und die Streicheleinheiten, mit denen sein Herrchen nicht geizte, versetzten ihn zuweilen in eine beinahe euphorische Stimmung. Da ein Hund, und besonders so einer wie Alexandr, sehr genau spüren kann wer es mit ihm gut meint und wer nicht, war ihm natürlich nicht entgangen, dass es sein eigenes Herrchen ganz außerordentlich gut mit ihm meinte. Er war, um es kurz zu machen, vollkommen vernarrt in seinen kleinen, treuen Hund, den er, einer gewissen Sentimentalität folgend, nach seinem aus dem fernen St. Petersburg stammenden bereits verstorbenen, allgemein anerkannten, Großvater mütterlicherseits genannt hatte.

Boris Borisowitsch war ein Mensch, dem solcherlei Traditionen am Herz lagen, und es erschien ihm auch durchaus keine Abwertung seines geliebten Großvaters, dass nun sein Hündchen dessen Namen trug. Hündchen, so fand er, hatten, vor allem wenn sie über einen edlen und liebenswerten Charakter verfügten, einen ebenso imposanten Namen verdient wie ein Mensch. Alexandr Alexandrowitsch machte seinem Namen natürlich alle Ehre und hätte mit

Sicherheit ein ganz famoses und einem Träger solch ausgewählter Namen angemessenes, freundliches Hundeleben hinter sich gebracht, wäre ihm nicht Katharina, die Katze, begegnet.

Katharina kannte das Streunerleben der Moskauer Tiere. Ich muss ehrlich zugeben, dass ich nicht weiß wie sie sich verständigten, doch sie muss Alexandr Alexandrowitsch in den buntesten Farben vom Streunerleben in Moskau erzählt und damit unweigerlich sein Interesse geweckt haben.

Boris Borisowitsch griff sich tragisch ans Herz und verlangte nach seiner stärksten Medizin, nachdem ihm sein so entzückendes Hündchen, sein treuer Gefährte und liebster Freund zu seinem allergrößten Kummer abhanden- gekommen war. Für zwei Tage war er nicht dazu zu bewegen sich aus dem Bett zu erheben, so sehr trauerte er um seinen Hund. Alexandr Alexandrowitsch hingegen bestaunte zur gleichen Zeit die unvorstellbar vielfältigen, farbigen, akustischen und auch geruchlichen Eindrücke der Moskauer Metro, in die sich viele der Moskauer Streuner zurückgezogen hatten.

Katharina jagte dort Mäuse, die größeren Hunde machten sich gleich an die Ratten, was Alexandr Alexandrowitsch jedoch ein wenig barbarisch zu sein schien. Er war eindeutig ein feinerer Hund und Besseres gewohnt. Dennoch musste er zugeben, dass die Streuner sehr nett zu ihm waren. Jeder einzelne von ihnen. Sie kooperierten miteinander, und sie teilten. Doch was sie teilten war, trotz des zunehmenden Hungers, den Alexandr verspürte, nicht nach seinem Geschmack. Kurzum: Recht schnell sehnte er sich nach seinem Herrchen Boris und nach seinem gemütlichen Zuhause zurück, nach den feinen Porzellanschälchen, aus denen ihm Ragout gereicht wurde, nach den seidigen Kissen, auf denen er an den Abenden vor dem Kamin gebettet wurde. Selbst wenn die anderen Hunde das Leben in der Moskauer Metro offenbar spannend und abenteuerlich fanden: Für Alexandr war das nichts. Doch wie sollte er seinen Weg nachhause finden? Katharina, zuvor so interessiert wirkend, gab sich nun gelangweilt und weigerte sich ihn nach Hause zu begleiten. Gekonnt hätte sie es, denn Katzen sind dazu ohne weiteres in der Lage. Doch, und das zeigte sie deutlich, passte es ihr nicht, dass Alexandr nach seinem Zuhause verlangte.

Vielleicht hielt sie ihn für unverhältnismäßig verweichlicht, vielleicht aber war es auch nur Missgunst, da sie selbst kein so feines, angenehmes und warmes Zuhause hatte wie Alexandr Alexandrowitsch. Unterstellen mag ich es ihr aber nicht. Dazu kannte ich Katharina, die Katze, zu wenig. Zudem steht es mir nicht an dieses Streunerleben zu beurteilen. Man soll, zumindest versuche ich das so oft es geht zu berücksichtigen, nämlich nur das verurteilen, was man kennt. Ebenso wenig wie Alexandr Alexandrowitsch kannte ich das Streunerleben. Zwar hatte er sein kleines, feuchtes Hundeschnäuzchen für eine Weile dort hineingesteckt, gewissermaßen, doch das, was die Streuner miteinander verband, das, was ihnen an ihrem eigenen Leben gefiel oder nicht gefiel – darüber kann ich nun wirklich nichts aussagen. Ich weiß nur, dass Alexandr nun auf sich allein gestellt durch Moskau irrte – in der Hoffnung auf Boris Borisowitsch zu treffen, oder wenigstens doch um zumindest einen Hinweis auf seine frühere

Wohnung zu erhalten. Viele Wochen war er vergeblich auf der Suche.

Der großen, offenen Freundlichkeit der meisten russischen Passanten, und auch der geradezu selbstverständlichen Hilfsbereitschaft und Solidarität anderer Moskauer Streuner ist es zu verdanken, dass er zumindest täglich etwas zu essen bekam. Die Nächte hingegen waren am schlimmsten. Wie deutlich sah er in ihnen sein Seidenkissen, den Kamin, sein edles Porzellanschälchen, sein feines Ragout, und vor allem sah er das geliebte und vertraute Gesicht des Boris Borisowitsch vor sich. Dann wieder dachte er an die Streuner in der Moskauer Metro, die ebenfalls freundlich zu ihm gewesen waren, bis seine Gedanken schließlich zuverlässig wieder zu Boris Borisowitsch zurücksprangen, wo sie mit zunehmender Ruhe bis zu den kommenden Morgenstunden verblieben. Im Traum wedelte er zuweilen mit dem Schwanz wann immer Boris Borisowitsch darin zu erscheinen pflegte. Der Tag, an dem Alexandr Alexandrowitsch sich eines noch kleineren, noch kümmerlicheren Hündchens annahm als er selbst einer war, erhob ihn nun unweigerlich in die Höhe, welche ihm seinen Namen nun durchaus angemessen erschienen ließ. Denn nach den noch Ärmeren zu schauen- das war in der Tat etwas, durch das sich sein Namensvetter zu seiner Zeit sehr verdient gemacht hatte. Etwas, das ihn zutiefst ausgezeichnet hatte. Und wäre Alexandr Alexandrowitsch nicht den Versprechungen der streunenden Katze nachgekommen – niemals wäre mehr aus ihm geworden als ein überaus freundliches, verschmustes, doch letztlich bedeutungsloses, überpflegtes Hündchen.

Erst seine Sorge um den kleinen, zitternden Mischling zeigte sein edles Gemüt. Überließ er ihm nicht nur Mahlzeiten und verteidigte ihn gegen Übergriffe, welche auf Straßen, zumal in der Großstadt, leider immer einmal wieder vorkommen können und wärmte ihn höchstselbst an jedem einzelnen der kühlen, oft bedrohlich wirkenden Moskauer Nächte. „Mumu" nannte er den kleinen Kerl, denn etwas an ihm erinnerte ihn an ein Buch, in dem ein kleiner Hund diesen Namen getragen hatte. Es war eines der Lieblingsbücher von Boris

Borisowitsch gewesen, so dass er es ihm häufig vorgelesen hatte.

Nun also war Alexandr selbst zu einem kleinen Findelkind gekommen, und er kümmerte sich nach allen Regeln der Kunst um ihn. Boris Borisowitsch wiederum war, um seiner großen Verzweiflung ein wenig zu entkommen, dazu übergegangen lange, einsame und sehr ausgedehnte Spaziergänge durch ganz Moskau zu unternehmen. Er durchquerte still ebenso die bekannten Plätze wie die Randbereiche. Die Hoffnung seinen geliebten Alexandr jemals wieder zu sehen hatte er bereits aufgegeben, entsprechend ernst, fast versteinert wirkte mittlerweile sein sonst so offenes, weiches Gesicht. Doch das, das müsst ihr wissen, sollte man nicht tun. Die Hoffnung aufgeben, meine ich. Denn es war an jenem Sonntag, dem 18. Mai gegen 16 Uhr, als Alexandr Alexandrowitsch, in der Nähe der tschechischen Botschaft, Boris Borisowitsch direkt vor die Füße lief. Alexandr war gerade auf der ergebnislosen Suche nach seinem Schützling, dem kleinen Hund „Mumu". Mit der Hoffnung ist es so eine Sache.

Ja, aufgeben sollte man sie nicht. Doch, auch das darf ich euch natürlich nicht verschweigen: Für all die armen Streuner aus der Moskauer Metro gab es kurz darauf leider keinen Grund zur Hoffnung mehr. Sie wurden von der Moskauer Polizei, auf einen Befehl hin, hochoffiziell aus Sicherheitsgründen, allesamt vergiftet oder erschossen. Mumu war auch einer von den Toten. Wie bereits in dem Buch, welches Boris Borisowitsch seinem Hund Alexandr so oft vorgelesen hatte, gab es auch für den Hund „Mumu" kein glückliches Ende. Weder im Buch noch im wahren Leben. Man hatte „Mumu" getötet—so wie all die anderen Hunde auch. Lediglich Alexandr hatte Glück gehabt, wenngleich sich ihm das Glück in Angesicht der Trauer um seinen kleinen Freund nicht so recht erschließen mochte. Ein großes, internationales Sportereignis stand an, und wichtige Gäste aus aller Welt waren geladen. Vielleicht schämte man sich für die vielen Streuner, möglicherweise dachte man, dass diese vor den Besuchern einen etwas ärmlichen Eindruck hinterlassen könnten. Ich kenne die genauen Gründe nicht.

Doch führten sie zum Tod all der lieben, zottigen Streuner, deren gute Bekanntschaft Alexandr Alexandrowitsch in den Monaten zuvor hatte machen dürfen. Das schmerzte ihn so, wie es nur einer Hundeseele gegeben ist Schmerz zu empfinden. Viele Moskauer waren damals sehr traurig, selbst Boris Borisowitsch, der, obgleich er zwar keinen der Metro-Streuner persönlich kannte, doch ein ausgewiesener Tierfreund war.

Eine jedoch war den nächtlichen Gewehrkugeln in der Metro gerade noch knapp entkommen. Katharina, die Katze.

Boris Borisowitsch legte ihr sorgsam etwas Fisch in ein besonders feines Porzellanschälchen, ein Erbstück seiner seligen Tante Tanya, denn nichts war fein genug für seinen neuen Gast, als sie an einem Tag im frühen Spätsommer Alexandr besuchte.

Nachdem sie in Windeseile alles ratzekahl weg- und aufgefressen hatte, streichelte er sie vorsichtig zwischen den Öhrchen bis sie, ein wenig heiser, schnurrte. Von da an kam sie oft.

Ijosch, der Schmuse-Igel

Ijosch war der älteste Sohn von Stachel, dem Igel, und Ijonka, seiner Frau.

Schon früh hatte er ein herrliches, hartes Stachelkleid ausgebildet, so dass es für die ganze Familie eine reine Freude war solch einen prächtigen Igel zu ihrer Familie dazugehörig zu wissen.

Doch Ijosch verhielt sich gar nicht so wie man es von ihm erwartete. Anstatt die Stacheln aufzustellen und ordentlich zu zischen, statt Insekten zu futtern und sich zu behaupten, war er ein ganz aus-gesprochener Schmuser, der am liebsten wirklich *ständig* geschmust hätte.

In der Kinderstube hatte sich dies bereits angedeutet, nun aber war es doch zu einem gewissen Problem angewachsen. Seine harten Stacheln zog er dabei ein, drückte sie flach an den Leib, um auf zärtliche Tuchfühlung mit anderen Tieren gehen zu können ohne diese jedoch zu verletzen. Allerdings: So sehr er sich auch bemühte- ganz ohne Blessuren gingen diese Schmuse-Attacken dennoch nicht ab.

Verständlicherweise gingen oder flogen ihm daher eine ganze Anzahl von Tieren bereits aus dem Weg. Mehrere in offensichtlicher Hast.

Einige, die sogar menschliche Hilfe benötigten, um ihre kleinen Wunden zu heilen, waren zu Lukas aus dem Wald gekommen. „Lukas aus dem Wald" war in der dortigen Tierwelt ein feststehender Begriff und zugleich eine ehrliche Empfehlung.

Gab es doch weit und breit keinen Menschen, bei dem man sich als tierischer Patient wohler fühlen konnte als eben bei Lukas.

Durch Ijosch ging ihm nun die Arbeit überhaupt nicht mehr aus. Aus reiner Neugierde, nicht etwa weil er sich verletzt hätte, suchte Ijosch

an einem Tag, an welchem er hierfür genug Mut gesammelt hatte, diesen Lukas auf.

„Was fehlt Dir denn?", wollte Lukas wissen, während er ihn behutsam von allen Seiten betrachtete - gerade so, als erwarte er ernsthaft eine Antwort.

Und dieser merkwürdige Junge sollte den Tieren helfen können? Ijosch hatte da berechtigte Zweifel. Sicherheitshalber zischte er zwei Mal laut, so dass Lukas gleich mal hören sollte, mit wem er es hier eigentlich zu tun hatte.

Durch die Aufregung plumpste er auf den Rücken. „Was für einen schönen, weichen Bauch Du hast", stellte Lukas begeistert fest.

„Ich vermute, dass Du genau dort eine Massage brauchen könntest!"

Ijosch widersprach nicht. Wo der Junge Recht hatte, da hatte er Recht!

Und ganz behutsam bekam Ijosch auf diese Weise die lang ersehnten Streicheleinheiten ohne jemanden zu verletzen. „Dieser Lukas ist nicht schlecht", dachte er sich.

„Da werde ich jetzt mal öfter vorbeikommen!

Eine Art Schweigepflicht wird er ja auch haben. Muss ja nicht gerade jeder wissen!"

Danach stolzierte er stolz und äußerst zufrieden durch den Wald. Ja, auch ein Igel, und vor allem ein verschmuster, weiß sich, das ist nicht zu leugnen, durchaus zu helfen.

Kröten

Kröten flöten, Kröten schlagen, wollen Mücken an den Kragen.

Kröten quaken, Kröten mucken, Mücken überm Weiher zucken.

Doch das alles liegt bald tot, Winter deckt das Abendrot.

Deckt sie alle leidlich zu.

Mücken surren bald zur Ruh.

So ergeht es allem Leben, schnell ist es dahin gegeben.

Nur davor ist's nicht zu glauben, wenn die Kröten Mücken rauben,

Wenn sie röcheln, röhren, hüpfen und aus den Verstecken schlüpfen.

Mit den Zungen, mit den Händen sie sich zu den Mücken wenden.

So als tät' es niemals enden.

Ich will rufen: Nehmt Euch Zeit,

Seht Ihr jetzt, dass weit und breit

Niemand Euch mehr ist geblieben?

Niemand den die Kröten lieben?

Niemand der die Kröten ehrt,

Umkehren wär´ nicht verkehrt.

Während dessen - voll Entzücken

Mücken sich am Teich berücken.

Luna und der Glücksrabe

Es ist ja nun schon länger bekannt, dass nicht nur die Federn eines Raben, sondern zumeist auch noch der ganze Rabe selbst ein einziger Glücksbringer ist. Über die Jahrhunderte ist dies leider häufig in Vergessenheit geraten. Die Eule Luna, obwohl sie noch so jung war, wusste das genau. Kolja war ein ganz besonderer Glücksbringer; das war nicht zu leugnen. Ein Teil der üblen und schlechten Geschichten über Raben hing damit zusammen, dass man dachte, sie brächten den Tod. Das wiederum hing damit zusammen, dass in den Zimmern der schwer Kranken oft in den langen Nächten Licht brannte, und Wissenschaftler sagten später, dass die Raben vom Licht angezogen worden wären. Das stimmt tatsächlich, denn Raben lieben das Licht. Doch hatte es auch einen anderen Grund, den Kolja fast täglich vorlebte. Was nämlich selbst die allerklügsten der Wissenschaftler nicht wussten: Raben halten Wache und beschützen die Kranken. Wenn sie da so zusammensitzen, mag das nach außen hin etwas unheimlich aussehen.

Auch ihr Krächzen trägt sicherlich nicht dazu bei, dass man sie für freundliche Tiere hält. Ebenso wenig wie die tiefschwarze Färbung ihres Gefieders. Doch Lukas, der Junge aus dem Wald, der ohnehin hinter all diese Dinge blicken konnte, wusste es besser. Und Luna, die schlauste und frechste aller Eulen sowieso. Doch zurück zu Kolja. Kolja, der sich aus einem fremden Wald hierher verirrt hatte, wurde schnell von den anderen Raben auf-genommen. Das ist nicht immer so selbstverständlich, doch im Fall von Kolja machten sie dies offenbar gern. Ich glaube, dass es im gesamten Wald wohl keinen hilfsbereiteren Vogel als ihn gab. Und das war noch nicht alles. Die Begegnung mit Kolja hatte zur Folge, dass jene, die ihm begegnet waren, für mindestens eine Woche in allem, was sie taten, geradezu vom Glück verfolgt wurden. Zwar klingt das auch nach einem gewissen Aberglauben- aber was will man da machen? Selbst Luna, die Eule, der man nichts vormachen konnte, hatte, nach eigenem Ermessen, ihr Glück dem Umstand zu verdanken, dass sie kurz zuvor Kolja begegnet war.

Und man kann sagen, was man will: Selbst eine so kleine und junge Eule wie Luna braucht ab und zu einmal Glück.

Luna wusste, dass Lukas (ein Freund von Mia) große Erwartungen an sie knüpfte, und das konnte schon einmal stressig werden. Allein schon der ständige Vergleich mit ihrer Mutter Gerda, die, neben ganz besonderen Flug-künsten, über ein sehr seltenes magisches Ge-heimnis verfügte. Ein wenig stolz war Luna zwar schon auf ihre berühmte Mutter, doch konnte es, wie gesagt, ab und zu auch ziemlich an-strengend sein. Umso glücklicher war Luna, als ihr Kolja unvermittelt begegnete. Sie begrüßten sich ausgiebig mit den Schnäbeln, was ein eindeutiges Zeichen großer Zuneigung ist, und Kolja begleitete sie ein wenig.

Luna und er flogen so selbstverständlich und so sicher nebeneinander her, als könnte es gar nicht anders sein. Kolja war ein ausgezeichneter Zuhörer, und es tat wirklich gut Zeit mit ihm zu verbringen. Schließlich erzählte sie ihm von Lukas und davon, dass er hoffte, sie würde weiter und höher fliegen als je eine Eule vor ihm.

Kolja hörte zunächst nur zu, dann gab er etwas von sich, das wie ein einfaches, harmloses und alltägliches Krächzen klang. Natürlich war es mehr als das. Luna verstand es sofort. Und so begann sie noch in der gleichen Woche zu trainieren. Zunächst hatte sie ein ganz enormes Anfängerglück. Den Grund kannte sie genau. Doch dann, nach einer Weile, spürte sie, dass es mehr war als das. Viel mehr. *Sie selbst* war es nun, die das alles erreichte.

Kolja hatte es nur angestoßen, das Ganze. Weil er an sie geglaubt hatte. Echte Freunde glauben aneinander, und Kolja wusste das. Obwohl er nicht von hier war, wusste er das. Aber es war nicht schwer zu wissen. Dies ist etwas, was überall auf der Welt so ist. Da gibt es keine Ausnahmen. Luna wollte es nicht nur für Lukas schaffen. Vielmehr wollte sie es für sich selbst.

Sie wollte die Gärten von Euklesophos, dem Zauberer, sehen, die so hoch oben gelegen waren, dass es einer langen Vorbereitung bedurfte, um sie zu erreichen. Dass es sich lohnen würde - davon war nicht nur Luna überzeugt. Nur ab und zu war sie kurz davor aufzugeben. Wenn Kolja nicht gewesen wäre, wer weiß, ob sie es zu Ende gebracht hätte. Doch er war ja da. Er war immer da, wenn der Mut sie verließ, und die Kraft aus ihr gewichen war. An einem der Abende, die besonders hell waren, hob sie an und versuchte ihr Glück. Noch konnte sie die Gärten nicht erreichen, doch spürte sie, dass es ihr bald gelingen würde. Auch Kolja war das sofort aufgefallen, und man merkte ihm an wie stolz er auf Luna war.

Er war ein echter Freund, und niemals wieder hat es im Wald einen hilfsbereiteren und besser ge-launten Vogel als ihn gegeben. Davon wusste Luna zu berichten. Sie erzählte es im ganzen Wald, und später, als sie die Gärten schließlich erreicht hatte, erzählte sie es auch dort. Man muss allerdings auch erwähnen, dass es Jahre dauerte bis es Luna wirklich gelang. Ein Meister ist nun eben noch nie vom Himmel gefallen, sozusagen. Obwohl Luna natürlich die andere Richtung anstrebte. Doch sicherlich wird auch so deutlich was ich sagen möchte. Und da Kolja ihr immer zur Seite stand, fand sie, dass auch er einen Teil dieses Lobes mehr als verdient habe. Daher wies sie auf ihn hin. Nötig wäre es allerdings durchaus nicht gewesen. Man wusste es nämlich schon. Und das, soviel kann man sagen, ist nun wirklich ganz und gar nicht verwunderlich. Oder was meint ihr?

Kolja hingegen blieb genau wer er war. Obwohl er mittlerweile so berühmt war, änderte sich gar nichts an seinem Wesen. Er hörte weiterhin gut zu, half seinen Freunden und brachte allen, die ihm begegneten, Glück.

Und obwohl er selbst nie ein besonderes Glück zu haben schien, sondern immer nur das *kleine* Glück, wie er es nannte, schätzte er dieses höher ein als alles andere. Nur Luna wusste, dass Teil des kleinen Glücks seine geliebten Walderdbeeren waren. Frische Walderdbeeren mit Regenwürmern, deren Geschmack mit nichts zu vergleichen war.

Höchstens noch mit den saftig- feinen, samtig- dunkelroten Walderdbeeren und den so außer- ordentlich köstlichen, mehligen Regenwürmern aus seiner weit entlegenen Heimat, die viele lange, anstrengende Flugstunden entfernt lag, und die er ab und zu äußerst heftig vermisste. Walderdbeeren mit Regenwürmern konnten einem da echt ziemlich gut weiterhelfen. Man musste sie aber sehr langsam essen – und mit Bedacht. Am besten gemeinsam mit einem guten Freund. Und Luna wusste solche Dinge jederzeit gut für sich zu behalten.

Sie war eben eine echte Eule. Da mittlerweile niemand im ganzen Umkreis des Waldes so gut und so weit fliegen konnte wie sie, würde sie Kolja die delikaten Walderdbeeren mitsamt den

Regenwürmern aus seiner fernen Heimat, nämlich Russland, bringen. Zugegeben: Ein Katzensprung war es zwar nicht gerade. Doch eine Eule, die sogar die Gärten des legendären Euklesophos erreichen konnte, so eine Eule konnte auch einmal die halbe Welt umrunden, um einem wahren Freund, einem Freund wie Kolja, seine geliebten Walderdbeeren von daheim mitzubringen. Das war eben einfach eine Sache der Ehre. Aber damit würde sie ihn überraschen. Ganz bestimmt! Gleich nach den nächsten Ferien.

Was sie allerdings nicht wusste war, dass sie *Rocky* dort antreffen würde. Niemand konnte sagen wie es ihm gelungen war nach Russland zu kommen.

Das blieb im Dunklen. Nur so viel ist in dieser Hinsicht über Waschbären bekannt: Sie haben einen unbeugsamen Willen. Was sie sich vornehmen, ziehen sie durch. Das ist bei Waschbären sozusagen eine Frage der „Bäre". Ich weiß nur so viel: Man hat Rocky, den Waschbären, an mehreren Grenzübergängen gesichtet.

Zweimal wurde er gefilmt, einmal tappte er dabei in die Fotofalle eines finnischen Försters. Da es sich allerdings nur um eine Fotofalle handelte, war es nicht weiter schlimm. In Finnland soll er sich übrigens eine ganze Weile aufgehalten haben, aber das ist ja ohne-hin nicht besonders verwunderlich.

Da es dort eine Menge Saunen gibt, konnte sich Rocky so zwischendurch immer einmal wieder unbemerkt genüsslich ein wenig aufwärmen.

Sicherlich wäre er auch noch länger in Finnland geblieben, wäre da nicht diese fixe Idee mit Russland in ihm gewesen.

Er musste Russland einfach erreichen. So lange schon war das sein Plan gewesen. Zu lange, um kurz vor dem Ziel aufzugeben. Und mit dem zufriedenen Gefühl, welches einen Bergsteiger befällt, sobald er einen steilen, schwierig zu erklimmenden Gipfel erreicht hat, ist wohl auch Rocky schließlich, nach Monaten der Reise, auf seinem geliebten russischem Boden gelandet. Ob er zurückkommen wird, weiß ich nicht. Allein schon für Mia jedoch hoffe ich es.

Die Waldgöttin

Seit es den Wald gibt, vielleicht sogar noch länger, herrscht dort eine Waldgöttin, die für die meisten Augen unsichtbar ist. Für die meisten menschlichen Augen, selbstverständlich. Tiere hingegen konnten sie jederzeit sehen, und dort, wo ihre Hände und ihre Füße den Wald berührten, wuchs er und grünte wie durch nichts Anderes. Zwar halfen ihm auch der Regen, die Sonne und der Wind, die Waldgeister und Baumriesen, doch die Waldgöttin übertraf sogar diese Elemente. Für Tiere wie für Pflanzen war sie zu gleichen Teilen da. Nur ihrer eigentlichen Aufgabe für den Menschen da zu sein und diesen vor sich selbst zu beschützen, war sie im Lauf der Jahrhunderte immer weniger Herrin geworden. Die große Waldgöttin vereinigte alle Züge derer, die sie schützen sollte, in sich. So war sie Mensch, Tier und Pflanze in einem. Die Bewohner des Waldes suchten ihre Nähe, da sie sanft war, und sie allen Schutz bot- nur dem Menschen nicht mehr in dem Ausmaß, in dem sie das sich ursprünglich gewünscht hätte, und wie es ja von Anbeginn her ihr als Aufgabe zugedacht war. Sie bedauerte dies, doch wusste niemand Rat wie das zu ändern sei. Zu sehr von sich selbst eingenommen begann der Mensch den Wald für sich zu nutzen – gerade so, als wäre er der Einzige auf der Welt, der Einzige im Reich der Waldgöttin. Je mehr Raubbau der Mensch an ihrem Wald betrieb, desto mehr verlor die Waldgöttin ihr menschliches Antlitz. Nicht nur das: Sie wurde nun auch für die Tiere und Pflanzen des Waldes zunächst schwarz-weiß, dann nahezu unsichtbar. Geschwächt vermochte sie es nicht einmal mehr den Wald zu begrünen. Zunehmend starben die Wälder und in ihnen die Tiere, die einst von der mächtigen Waldgöttin geschützt worden waren.

Sie schien all ihre Macht nun verloren zu haben. Doch das wirkte nur so, da sie dem Menschen, der sich nahm was er wollte, diese Macht freiwillig einräumte. So kam es, dass sich die letzten Überlebenden des Waldes, Kröten, Käuzchen und ein Fuchs nebst einem weisen Raben zusammentaten, um zu überlegen wie die Waldgöttin wieder den Zugang zu der ihr innewohnenden Macht erhalten könnte.

Die Tiere wussten, dass der Mensch die Göttin gekränkt hatte. Krank war sie nun tatsächlich, und wie ein Streiflein Nebel huschte sie nun gelegentlich noch durch das, was einst ihr Wald gewesen war. Der Fuchs schlug vor Blitz, Donner und Sturm zu Rate zu ziehen, und die anderen Tiere waren einverstanden. Der Rabe und das Käuzchen wurden ausgesandt, um, als Vertreter der Lüfte, den Kontakt zu diesen Elementen zu suchen. Blitz, Donner und Sturm waren einverstanden. Sie schickten einen solchen Sturm durch den Wald und durch die anliegenden Dörfer wie ihn kein Auge seit Jahrhunderten mehr gesehen hatte. Der Fuchs, der sehr klug war, hatte sich rechtzeitig in Sicherheit gebracht, und die alte Kröte konnte ohnehin jedem Wetter trotzen. Nach diesem riesigen Sturm, der die stärksten wie die ältesten Bäume gefällt und ein einziges Feld der Verwüstung hinterlassen hatte, der all die Menschen aus ihren Häusern vertrieben hatte und auch jetzt noch mit seinem Atem ihre Dächer vor sich hertrieb, erschien erstmalig, nach langer Zeit, wieder die Waldgöttin.

Im Wald herrscht nämlich eine gänzlich andere Zeitrechnung vor als außerhalb des Waldes.

Es dauerte lange, und sie hatte viel zu tun bis sie alles wieder begrünt hatte, bis Tiere und Pflanzen ihren Wald wieder bevölkerten wie zuvor. Gegen den Menschen jedoch hatte sie mit einen Bannspruch eine unsichtbare Grenze errichtet. Kein Mensch konnte den Wald nun sehen, geschweige denn betreten. Indes machte ihm das nicht viel aus. In seinen Betonwüsten zog er die Wolkenkratzer immer höher und höher, während die Wald-göttin ungestört und nun gänzlich ohne menschliches Antlitz ihren Wald behütete. Lediglich einem kleinen Mädchen, das nur im Wald glücklich war, gelang zuweilen ein fast unbemerkter Besuch.

Sascha und die Baba Jaga

Die Baba Jaga, so nennt man in Russland Hexen, hatte sich auf ihren langen Wanderungen durch Sibirien gründlich verirrt. Ich kann es nicht beweisen, doch glaube ich, dass sie gar keine echte Baba Jaga war sondern nur ein grantiges altes Weib, das zu sehr von sich überzeugt war. Eine echte Baba Jaga nämlich hätte sich niemals, nicht einmal, und vor allem nicht in Sibirien verirren können. Doch diese Baba Jaga hier konnte noch nicht einmal fliegen, geschweige denn das Wetter behexen, und etwas zu Essen konnte sie sich auch nicht besorgen. Sogar bei den Beeren wäre sie ein paarmal ausgerechnet auf die besonders giftigen hereingefallen, wenn da nicht, wie vom Himmel geschickt ein schnee-weißer Polarfuchs gewesen wäre, der sie schlau durch eine Art Tanz abgelenkt und von dem giftigen Busch weggelockt hätte. Die Alte wusste nicht, dass ihr der Fuchs mit seiner Klugheit das Leben gerettet hatte. Stattdessen brummte sie vor sich hin: „Genauso blöde wie mein Sascha, genau so blöd!" Sascha war früher einmal ihr Ehemann gewesen.

Blöd war auch dieser Sascha nicht gewesen, ganz im Gegenteil. Der einzig grobe Fehler, den er jemals begangen hatte, war es in seiner Jugend auf die Baba Jaga herein-gefallen zu sein. Sie war einst nicht gerade un-ansehnlich gewesen und konnte ganz besonders saftige Krapfen, Hefekringel und Fischaufläufe backen. Doch als sie immer giftiger, boshafter, zänkischer, grimmiger und launischer wurde, da packte der Sascha sein Bündel, ließ der Baba Jaga Haus und Hof und wollte nur noch seine Freiheit und seinen Seelenfrieden zurück.

Blöd war also auch dieser Sascha mit Sicherheit nicht gewesen. Die Baba Jaga, deren Kopf von Hass und schlechter Laune jedoch ohnehin ständig vernebelt war, hatte seither kein gutes Haar mehr an ihm gelassen. „Sascha" war für sie nun ein Schimpfwort, und, dumm und undankbar wie sie war, nannte sie jetzt auch den klugen, hilfsbereiten, wunderschönen, sauberweißen Schneefuchs „Sascha".

Damit wollte sie ihn natürlich beleidigen. Doch ihr wisst es besser und kennt ja nun durch meine Erzählung den echten Sascha. Und der war, das kann ich euch versichern, ein wirklich feiner Kerl gewesen. Hatte dem Teufelsbraten sogar Haus und Hof gelassen, und kein böses Wort über sie war je über seine Lippen gekommen. So anständig und klug war dieser Sascha. Und somit konnte die Baba Jaga natürlich auch Sascha, dem Schneefuchs, mit diesem Namen gar nichts anhaben. Sascha, der Fuchs, war Menschen in dieser Gegend nicht gewohnt. Er konnte die alte Frau nicht recht einschätzen, doch war ihm einmal, vor vielen Jahren, ein Mensch zur Hilfe gekommen, als sich seine Vorderpfote in einer Schlingfalle verfangen hatte.

Seither war Sascha Menschen gegenüber grundsätzlich positiv gesinnt, was, wie sich noch herausstellen wird, durchaus auch einen nachteiligen Effekt haben kann.

Zunächst spürte er, dass diese alte Frau ohne seine Hilfe nicht weit kommen würde. Sie wirkte schwächlich, hungrig und müde. Tiere denken da nicht, wie wir Menschen, darüber nach. Vielmehr handeln sie, weil sie es spüren.

So lockte er die Baba Jaga mit einem frisch gefangenen kleinen Marder, den er zwischen den Zähnen hielt, hinter sich her. Er kannte nämlich einen Unterschlupf, den früher einmal ein Jäger genutzt hatte. Dort gab es auch einen Feuerplatz, so dass er der alten Frau den Marder überlassen konnte. Sie sah tatsächlich so aus als bräuchte sie weitaus dringender eine Mahlzeit als er. Für Sascha war es nicht schwer sich etwas zu erbeuten. Er war noch jung und sehr klug, zudem außerordentlich ausdauernd.

Wie er es sich vorgestellt hatte passierte es auch. Die Baba Jaga folgte ihm gierig, den Blick auf den Marder in seinem Maul gerichtet. Sie stolperte beinahe fünf Kilometer hinter ihm her, bis er sie schließlich sicher zu dem ehemaligen Jagdverschlag geführt hatte. In dem hölzernen, stabilen Jagdverschlag fanden sich, säuberlich aufgeschichtet, sogar noch Brennholz und Geschirr, eine Laterne, eine volle Schachtel mit Streichhölzern, Kerzen, ein Schlafsack und viele Jagddecken, Felle, sowie Überreste von Malz-kaffee in einem fein verschlossenen dicken Glastopf, der in eine Decke eingewickelt war. Daneben stand ein ähnliches Glas mit Resten von Honig. Sogar Salz war vorhanden und etwas Pfeffer, ein eingemachtes Glas mit Gurken und eines mit Beeren. Nicht viel, aber immerhin. In einer der Kannen würde man Schnee schmelzen können. Sie würde sich Essen und Trinken zubereiten können – und beides auch noch warm. Ja, also wenn die Baba Jaga jetzt nicht zufrieden war! Offenbar war sie das auch: „Hey, Sascha", nölte sie, „du bist ja irgendwie doch zu was gut." Sie grinste zufrieden vor sich hin. „Bleib doch ein bisschen hier sitzen, dann kann ich mich an deinem schönen, dichten Pelz wärmen." Sascha verstand zwar nicht was sie mit ihrem fast zahnlosen Mund da brabbelte, doch am Tonfall hörte er, dass er offenbar willkommen war und eingeladen ein wenig mit der Baba Jaga am Feuer zu sitzen. Mit gönnerhafter Geste reichte sie ihm ein Fetzchen des gegrillten Marders, über das sich Sascha hermachte. Es war ein wahrlich langer, kalter Tag gewesen, und er hatte Hunger. „So", mit einem Ruck riss sie ihn jetzt an sich und presste ihn an ihren dürren, knochigen Körper. „Und jetzt kannst du mich ein bisschen wärmen, schönes Füchslein." Das gefiel Sascha nicht gerade besonders, denn der Griff der Alten war eisern. Jetzt wo sie sich mit Marderfleisch und süßem Malzkaffee gestärkt hatte, waren ihre Kräfte beachtlich. Da Sascha jedoch außerordentlich gutmütig war und auch immer noch den freundlichen Menschen von einst, der, der ihn gerettet hatte, im Kopf hatte, wehrte er sich nicht und wärmte mit seinem Körper den knochigen Körper der Baba Jaga. Obwohl sie wirklich sehr mager war, gab sie, das musste Sascha zugeben, auch ein bisschen Wärme ab, und so tat er etwas, das eigentlich ganz und gar nicht typisch für einen wilden, sibirischen Fuchs ist: Er blieb bei ihr.

Sie wurden ein gutes Team. Er bewahrte sie vor Gefahren und schaffte das Essen heran. Während sie eifrig Reisig sammelte, das Essen bereitete, Feuer machte, taute mit der Kanne Schnee zu Wasser und wärmte ihn in den eisigen Nächten, so wie er sie wärmte.

Er war, wie es Füchsen ja auch nachgesagt wird, sehr schlau, so dass die Baba Jaga und er viele Tage in dem Verschlag hausen konnten, ohne dass einer von ihnen unter Hunger, Durst oder Kälte zu leiden hatte. „Du schlaues Füchslein", gurrte sie nun oft. „Oh Du listiges, schlaues Füchslein!" Offenbar war sie mit Sascha recht zufrieden, und Sascha hatte nichts dagegen. Was er nicht wusste war, dass die Alte begann ihn auszunutzen und Pläne zu schmieden wie sie von ihm noch mehr profitieren könnte. Sie konnte den Hals eben, wie immer, nicht voll genug bekommen. Da er ganz besonders klug war, verwechselte sie das mit verschlagen. Sie wollte ihn zu einem Dieb abrichten, und so in der Stadt, in die zurückzukehren sie beab-sichtigte, reich zu werden. Hühner und Küken sollte er ihr aus Ställen stehlen, Schmuck,

Münzen und schöne Stoffe aus Wohnungen. Ihrer Phantasie waren keine Grenzen gesetzt.

Doch die Baba Jaga irrte sich, wenn sie dachte, dass Sascha, nur weil er klug und gutmütig war, zu einem Dieb getaugt hätte. Seine Klugheit hatte er lediglich eingesetzt, um sich und die Baba Jaga vor dem Hungertod zu bewahren. Sie, die eine böse und durchtriebene Frau war, konnte nicht begreifen, dass es einen Unterschied gab, ob jemand klug und schlau oder einfach nur durchtrieben und abgebrüht war. Da sie selbst eine durchtriebene und durchaus abgebrühte Person war, sah sie diese Eigenschaft automatisch in jeder anderen Kreatur auf Russlands schöner Erde. Auch das liegt in der Natur des Menschen. Sie sehen das, was sie selbst sind, oft übergroß im Anderen.

Sehen ist dabei nicht das richtige Wort. Sie sehen es nämlich nicht wirklich. Vielmehr „sehen" sie es in die Menschen oder Kreaturen hinein, die ihnen zu begegnen das Pech oder das Glück haben. Im Fall der Baba Jaga handelte es sich eindeutig um Pech. Sascha hatte kein großes Glück in der Wahl seiner Begleiterin gehabt und durchaus kein großes Geschick in der Auswahl derselben bewiesen. Doch auch das begründet sich auf genau dem gleichen Sachverhalt. Da Sascha gutmütig war, und er zudem bereits schon einmal die rettende Bekanntschaft eines hilfsbereiten Menschen gemacht hatte, sah er die Baba Jaga sehr viel positiver als sie eigentlich war. Selbst als sie ihn hinterrücks in den alten Schlafsack steckte, hinter sich herzog und hoffte baldmöglichst mit ihm in die nächste Stadt zu kommen, wo er als Dieb für sie arbeiten sollte, wehrte er sich nicht. Viele Kilometer schleifte sie ihn durch den Schnee. Er hörte sie schwer keuchen und schimpfen, sah nichts und roch nur den muffigen Geruch, den das Innere des Schlafsackes in sich trug und wusste nicht recht wie ihm geschah, sein Körper wurde mal nach rechts, dann wieder nach links geworfen, je nachdem wo die Baba Jaga entlang lief. Mit einem Mal ging es nicht mehr weiter. Er hörte auch keine Geräusche mehr. Sascha tastete sich langsam nach vorn. Die faltige Hand, die den Schlafsack zugehalten hatte, so dass er nicht entkommen konnte, lag nun, wie die gesamte

Baba Jaga, mit dem Gesicht nach vorn steif und wortlos im Schnee. Vorsichtig be-schnupperte Sascha sie. Sie gab keinen Laut von sich und bewegte sich nicht. Er wusste nicht was er tun sollte. Natürlich war er ein kluges Tier, doch auch bei klugen Tieren kommt es vor, dass sie nicht mehr weiterwissen. So war es bei Sascha in diesem Augenblick.

Die Baba Jaga lag dort, mitten im Schnee, die Sonne im Nacken, denn noch war es taghell. Ein feiner, pudriger Schneestaub legte sich auf die Welt, doch der Himmel war so blau wie es nur ein Himmel in Sibirien sein konnte. Sascha schmiegte sich mit seinem Körper um ihren Kopf, wohl um sie zu wärmen. So blieb er eine Weile dort bei ihr, sein prachtvoller Pelz hob sich für das Auge kaum vom Schnee ab, und doch war er um einiges wärmer. Als sie sich jedoch immer noch nicht bewegte, und der Schnee sie und den alten Schlafsack immer mehr unter sich begrub, als es kälter, dunkler und beißender wurde, erhob sich Sascha und lief mit seinen schmalen Beinen und seinem schönen weißen Pelz direkt in seinen Fuchsbau.

Ein, zwei magere Mäuse konnte er sich noch zum Abendessen fangen, dann jedoch zog er sich zurück. Die Nacht, welche er seit längerer Zeit erstmals wieder völlig allein verbrachte, erschien ihm ein klein wenig kälter zu sein als sonst, doch das machte ihm nichts aus. In seinem Fuchsbau war es warm genug.

Am nächsten Morgen lief er unverzüglich genau zu der Stelle zurück, an der er die Baba Jaga zurückgelassen hatte.

Sie lag noch immer dort, doch konnte man sie nun kaum noch mit bloßem Auge sehen.

Der Schnee hatte sie nun beinahe vollkommen unter sich begraben.

Lediglich ein Teil ihres Haares lugte noch unter Mütze und Schnee hervor, das war alles. Sascha saß noch eine Weile bei ihr.

Dort habe ich ihn gefunden. Es war ein solch einprägsames, berührendes Bild. Wie er dort saß, die Vorderpfoten fein ordentlich nebeneinander in den Schnee gestellt.

Dieser treue Sascha, der die alte, erfrorene Frau bewachte.

Die Sonne schien besonders hell an diesem Tag, und das Glitzern des Schnees ließ alles für einen Augenblick noch unwirklicher erscheinen als es ohnehin war.

Unvermittelt nahm ich ein Weiblein wahr, das aus dem Nichts gekommen zu sein schien. Ich blinzelte, und als ich die Augen wieder öffnete war es verschwunden. Nur das hübsche Schnee-Füchslein und die tote Frau im Schnee waren übrig geblieben, die Kälte und die Sonne dazu.

Ihre Strahlen erzeugten kleine Irrlichter und wieder glaubte ich zu träumen.

Erneut sah ich aus dem Nichts dieses kleine Weiblein vor mir stehen. Wieder verschwand es, nachdem ich geblinzelt hatte.

Doch ihre Fußspuren waren noch sehr deutlich im Schnee zu erkennen, was mich vollends verwirrte. Das Weiblein war mir ziemlich bekannt vorgekommen. Ich hatte es schon einmal gesehen, in einem Buch vielleicht – oder doch zumindest schon von ihm gehört. Und so dachte ich für einen winzigen Moment, es sei mir hier nun gerade ganz höchstpersönlich erschienen: *Das Russenweiblein Olga*, welches ich bisher für eine reine Legende gehalten hatte. Der alten Erzählung nach hatte das Russenweiblein Olga alle dadurch versöhnt, indem es sagte, dass die Sonne gleichermaßen auf jeden schiene.

Es war nicht so leicht sie zu beschreiben. Klein war sie wohl. Das fiel sofort auf, und um die Beine hatte sie eine Art Verband gewickelt, doch denke ich, dass das wegen der Kälte war.

Eine Art selbstgemachte Strumpfhose, über der sie einen hellen Rock trug.

Ihr Gesicht war alterslos, das heißt, man wusste wohl, dass sie alt sein musste, vom Gefühl her, dennoch wirkte sie jung, war gänzlich ohne Falten mit rosigen Wangen in einem runden, freundlichen Gesicht, welches von weißen Haaren eingerahmt war. Nochmals betonte sie das mit der Sonne. Es aus ihrem Mund zu hören war nochmal ganz anders. Es traf mich, auf eine gute Weise, mitten ins Herz. Sie sah es mir wohl an, war aber zu taktvoll, um näher darauf einzugehen. Vielmehr lächelte sie mich einfach recht aufmunternd an. Dann verabschiedete sich das Russenweiblein Olga höflich und war schnell verschwunden. Bereits damals, und ich war noch sehr jung, war mir das sehr weise erschienen. Jetzt, da ich etwas älter bin, sogar noch mehr. „Lauf in den Wald, mein Füchslein", ermunterte ich Sascha. Dieser ließ sich nicht lange bitten. Er steckte seine kleine Schnauze in die Luft, wohl um eine ganz genaue Witterung aufzunehmen, streifte beim Vorbeigehen beinahe liebevoll mein Bein, verhoffte, sah sich noch ein letztes Mal nach mir und der Frau im Schnee um, dann verschwand er elegant mit wenigen Sätzen hinter einem Dickicht.

Ich blieb ein wenig ratlos zurück und bemühte mich zunächst darum meinen wirren Kopf zu ordnen. Der sibirische Winter kann den eigenen Ge-danken tatsächlich den einen oder anderen Streich spielen. Man kann sich das vom warmen Lesesessel aus gar nicht so richtig vorstellen. Doch ist es wahr.

Das hier, das war real. Hier lag jemand dessen Tod gemeldet werden musste.

Ich trank den letzten Schluck heißen Tees aus meiner Thermoskanne und bewegte meine Füße in den schweren, klobigen Schuhen ein wenig. Durch die mächtige, beinahe zornige, überwältigende Kälte konnte ich sie kaum noch spüren. Ich wartete noch ein bisschen, bis das Blut wieder in ihnen war, und ich mir sicher sein konnte wieder gut laufen zu können. Dann machte ich mich auf den Weg in die Stadt. Ich musste immerhin den Tod der Baba Jaga melden, wobei ich mir unsicherer war denn je, ob das eine wahre Baba Jaga sein konnte. Je mehr ich darüber nachdachte, umso un- wahrscheinlicher erschien es mir nämlich. Niemals wäre dies einer echten Baba Jaga zugestoßen. Sie erfrieren nicht im Schnee. Sie fallen nicht vor Erschöpfung tot um, sie verirren sich auch nicht im Wald. Selbst, und vor allem nicht, in Sibirien. Und während ich mir noch überlegte was die alte Baba Jaga nun gekonnt oder nicht gekonnt hatte, wer sie gewesen war oder nicht:

Eines hatte sie jeder echten Hexe, jeder echten Baba Jaga voraus. Sie hatte in ihrem Leben nämlich das große, vielleicht unverdiente Glück gehabt am Ende ihres Lebens ausgerechnet noch Sascha kennengelernt zu haben. Einen klügeren und lieberen Schneefuchs sucht man nämlich in ganz Sibirien vergebens. Wer weiß. Vielleicht war es ein unverdientes Glück. Vielleicht aber auch ein Geschenk.

Der Schuh ist zu klein

Niemand hatte je besonders viel von Anastasia gehört, dabei war sie immerhin die ältere Halbschwester der weltberühmten Cindie, die früher „Aschenputtel" hieß, doch das war in der heutigen Zeit viel zu unmodern, so dass man sich auf einen eher international und feminin klingenden Namen geeinigt hatte.

In so ziemlich jeder Erzählung, die sich im Laufe der Jahrhunderte immer wieder ein bisschen verändert hatte, war sie ganz schön schlecht weggekommen. Vor allem wohl, weil Martha, Cindies Stiefmutter Anastasia unbedingt mit einem Prinzen verheiraten wollte, was ohnehin schon einem sehr unrealistischen Unterfangen glich. Immerhin konnte man sich sicherlich unschwer vorstellen, dass die Konkurrenz schon deshalb nicht schlief, weil es sich um den einzigen Prinzen im ganzen Umkreis handelte. Wenn man dann auch noch täglich eine solche Ausnahme-Schönheit wie Cindie um sich hatte, dann konnte einem das die Laune schon gründlich verderben. Auch der Stiefmutter war das aufgefallen, und so sorgte sie dafür, dass Cindie das Haus nicht mehr verlassen durfte.

Anastasia konnte das nur Recht sein.

Selbst in einen alten Kartoffel-Sack gekleidet sah Cindie nämlich noch hundertmal schöner aus als Anastasia, wenn man die sehr strengen Schönheitskriterien des Prinzen zugrunde legte - und die waren nun einmal überall im Land bekannt. Der Prinz wollte nämlich eine Frau, die genau wie seine Mutter sein sollte. Nun war es so, dass des Prinzen Mutter aus einem fernen Königreich kam, das viele hundert Tagesreisen entfernt lag, und so kam es, dass die Königin keiner der Frauen aus dem hiesigen Königreich ähnlich sah. Sie war mindestens zwei Köpfe größer als alle anderen Frauen, und ihre Füße waren entsprechend groß – mindestens Größe 43. Die Königin selbst jedoch wollte lieber kleine, zierliche Füße haben, und so war vom schlauen Hofnarren das Gerücht in die Welt gesetzt worden niemand habe kleinere und niedlichere Füße als die Königin, des Prinzen schöne Mutter. Da sie immer sehr lange und königliche Kleider trug, sah man nur ab und an die Spitze eines samtenen Schuhs.

Ihre Füße jedoch bekam niemand sonst zu Gesicht.

Wenn sie zu Bett ging, löschte sie sofort das Licht, denn selbst der König, ihr Gemahl, sollte ihre Füße nicht sehen. Zum Glück hatte der König ohnehin einen gesegneten Schlaf. Er fiel sozusagen bereits schlafend ins Bett, achtete weder auf Füße noch auf sonst etwas außer seinen feinen, weichen Eider- Daunenkissen und schnarchte die Nacht friedlich durch. Die Königin war an jedem neuen Tag vor ihm wach und konnte, zu ihrer Erleichterung, in Ruhe ihre großen Füße unter den bestickten Säumen ihrer sehr hoheitlichen Kleidung verbergen. Und so glaubte jeder im Lande, dass es sich tatsächlich so verhielt, und niemand kleinere und zierlichere Füße habe als eben die Königin höchst selbst. Cindie nun war die Einzige, die ebenfalls größer war als die anderen Frauen. Ihre früh verstorbene Mutter war ebenfalls aus der Fremde gekommen und beachtlich groß gewesen, fast wie ein Baum, so dass es daher vielleicht....möglicherweise einen gewissen inhaltlichen Zusammenhang gab. Vielleicht aber auch nicht, so genau kann man das hinterher natürlich nicht mehr sagen.

Und auch ihre großen Füße hatte bisher noch niemand gesehen, da sie stets braune Lumpen um ihre Füße gebunden hatte. Sie musste in der Küche am offenen Ofen arbeiten, so dass die Sache mit den Lumpen ziemlich praktisch war, bot es doch einen gewissen Schutz.

Asche kann nämlich ziemlich heiß sein, und da muss man sich schon vorsehen, so viel stand jedenfalls fest. So wusste ebenfalls niemand, auch Anastasia nicht, wie groß die Füße ihrer Halbschwester eigentlich waren. Sie waren, um genau zu sein, sogar noch eine ganze Nummer größer als die der Königin.

Hätte Cindie Schuhe besessen- was nicht der Fall war- wären diese mindestens auf die doch recht stolze Schuhgröße 44 1/2 hinausgelaufen – mindestens!

In Anastasias Vorstellung jedoch waren Cindies Füße so klein und zierlich wie die Füße der Königin – zumindest ebenso, wie die Königin dies alle glauben machen wollte. Anastasias Neid kannte daher selbstverständlich keine Grenzen, was auch ihr geradezu abscheuliches Verhalten gegenüber der Halbschwester erklärte. Dabei war Anastasia sonst eigentlich gar nicht so.

Ganz im Gegenteil. Sie war sonst zu fast jedermann freundlich, ihr Pferd und die Tiere des Waldes behandelte sie mit größtem Respekt. Nur eben bei Cindie vergaß sie alle guten Manieren.

Man muss wissen, dass es zu dieser Zeit für Frauen ungemein wichtig war zu heiraten.

Einen Prinzen zu heiraten war so etwas wie der Hauptgewinn, und nicht nur Anastasia fieberte darauf hin.

Nun jedoch drohte Cindie mit ihrer Schönheit Anastasia die Suppe gründlich zu versalzen. Es war wirklich zum aus der Haut fahren.

Als schließlich der feierliche, königliche Ball herannahte, zu dem einfach jede Frau im heiratsfähigen Alter geladen wurde, beschloss Anastasias Mutter Cindie zu verstecken und ihr so viele Küchenarbeiten und sonstige Beschäftigungen aufzutragen, dass es ihr nicht möglich wäre am Königsball teilzunehmen. Abgesehen davon, dass Cindie ohnehin nicht über die nötige Kleidung verfügt hätte, war dieser Plan der Stiefmutter ziemlich wirksam. Cindie wirkte zwar traurig, doch immerhin hatte sie ihre Tauben, die immer in der Nähe der Küche waren, um Cindie Gesellschaft zu leisten. Also befolgte sie die Anweisungen ihrer Stiefmutter und sortierte Erbsen. Anastasia atmete auf. Um sich aber die Konkurrenz, welche die anderen Damen unweigerlich für sie darstellen würden, aus-zuschalten, begab sie sich in den Wald zu der Heidekrum, die dort seit Jahren lebte.

Diese wusste genauestens mit allerlei merk-würdigen Schönheitswässerchen und sowieso sehr geheimen Tricks Anastasia ungemein her-auszuputzen. Heidekrum war es auch gewesen, die die Schönheitsvorstellungen des Prinzen überallhin verbreitet hatte.

Das hatte ihr reichlich Kundschaft beschert, so dass sie sich mittlerweile längst zur Ruhe hätte setzen können.

Doch das kam der Heidekrum nicht in den Sinn, worüber Anastasia in ihrer Aufregung natürlich froh war. Sie hätte einfach alles dafür getan, um schöner auszusehen!

Und in der Tat sah Anastasia am Abend des Balls besonders hübsch aus. Heidekrum hatte sie für ein paar Stunden mit den Füßen nach oben an einem knorrigen Baum aufgehängt, so dass sich die Knochen strecken konnten. Und tatsächlich war sie nach dieser Behandlung mindestens acht, wenn nicht neun Zentimeter größer, wenngleich ihr jeder Knochen ganz höllisch schmerzte. Doch mit dieser nun zusätzlichen Körpergröße musste sie den wählerischen Prinzen doch einfach für sich gewinnen!

Anastasia fühlte sich bereits als Siegerin als sie, mit stolz zurückgeworfenem Kopf, den hell erleuchteten Ballsaal betrat.

Was sie nicht wusste war, dass Cindie dort – mit einiger Zauberhilfe – doch noch auftauchte und mit ihrer imposant großen Erscheinung und einem wunderbaren, fein gewirkten und bestickten Festgewand aus reinem Silber dem Prinzen alle Sinne raubte.

Da der Zauber nur bis Mitternacht anhalten sollte, verschwand Cindie natürlich kurz vor Mitternacht in ihrem so atemberaubenden silbernen Kleid, wobei sie bei der Rennerei die Treppe hinunter einen ihrer silbernen Schuhe verlor. Hohe Absätze in Größe 44 1/2 gleiten einem schneller vom Fuß als einem lieb sein kann.

Entgegen dem, was in Märchen im Allgemeinen behauptet wird, fand nicht der Prinz, sondern vielmehr der Hofnarr den Schuh. Dieser war listig wie immer. Er nahm den Schuh an sich (Größe 44 1/2 – das sollte man keinesfalls an die große Glocke hängen!) Er ließ den Schuh nachmachen, doch um zehn Nummern kleiner. Diesen winzigen Schuh händigte er dem Prinzen zwei Tage nach dem Ball aus mit dem Hinweis, er habe ihn ganz zufällig gefunden, und dieser Schuh gehöre der rätselhaften, schönen großen Prinzessin in Silber. Der Hofnarr stellte ihm weiter in Aussicht, dass er mit genau diesem Schuh in der Lage sei die Unbekannte zu finden. Insgeheim hatte er längst einen Plan. Er wollte dem Prinzen bei der Suche keinen Augenblick von der Seite weichen und die Schuhe im alles ent-scheidenden Augenblick flink austauschen. Dann, da war sich der Hofnarr sicher, würde der Prinz auch davon ausgehen, dass niemand kleinere und hübschere Füße besäße als die unbekannte Prinzessin. Er befürchtete nämlich, dass des Prinzen Interesse an der Schönen sonst deutlich abkühlen könnte, und das war etwas, was das Königreich sich nicht leisten konnte.

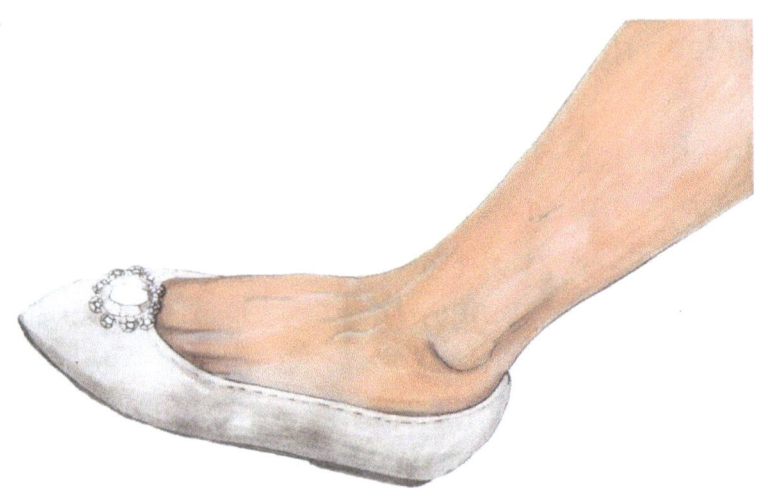

Man war dringend um den Fortbestand der Dynastie bemüht. Der Hofnarr wusste, dass es ihm nicht schwer fallen würde die Unbekannte an ihrer beeindruckenden Körper-größe zu erkennen – wahrscheinlich sogar noch vor dem Prinzen. Und in Gedanken malte er sich genau aus wie er die beiden Schuhe gänzlich un-bemerkt austauschen und dann verkünden würde: „Dies ist die Braut!". Es wurde also eine große Suche nach der unbekannten Schönen ausgerufen, der dieser eine Schuh passen sollte. Anastasia ging wieder zu Heidekrum, die ihr einige Fußbäder mit fies kribbelndem Ameisen-gift verschrieb, ihr die Fußnägel radikal kürzte und die Füße sogar mit einem Zauber belegte.

Trotzdem wurden sie nicht kleiner. Heidekrum bestätigte ihr, dass dies dringend noch weitere zukünftige Sitzungen erforderte. Der Prinz und der Hofnarr kamen währenddessen zu jedem Haus im Umfeld, und mit bangem Herzen erwartete Anastasia das Klopfen der beiden wichtigen Männer an ihrer Hoftür. Tatsächlich war es schneller so weit als ihr lieb war. Sie hatte vorher noch sieben weitere Schönheits-Termine in Folge bei Heidekrum wahrnehmen wollen, doch nun war es zu spät. Der dunkelgelockte Prinz und der listige Hofnarr standen, mit einem winzigen silbernen Schuh in der Hand, vor dem Hof. Anastasia tat alles, was ihr Heidekrum geraten hatte. Sie hatte sich die Füße zuvor mit Schneckenschleim eingerieben und hielt die Luft an bis ihr der Kopf dröhnte – doch der Schuh war zu klein. Sie lief dennoch ein paar Schritte auf und ab, biss mutig die Zähne zusammen und behauptete dabei dreist, dass das ihr Schuh sei. Besonders glaubhaft versicherte sie dies allerdings nicht. Als dann sogar Blut aus dem Schuh quoll, was nicht gerade einen reizvollen Anblick bot, konnte sie den beiden nichts mehr vormachen.

Weinend und enttäuscht rannte sie in ihr Zimmer, die Füße taten ihr entsetzlich weh.

Cindie indes hatten die beiden nicht gefunden, Anastasias Mutter hielt sie versteckt. Sie suchten also noch immer vergeblich auf den fünfzehn Nachbarhöfen weiter. Das immerhin beruhigte Anastasia – und entlockte ihr sogar eine gewisse Freude. Diese Freude hielt jedoch nicht lang an. Bald musste sie bemerken, dass durch die blutende Verletzung einer ihrer Fußnägel begann einzuwachsen. Es tat weh und begann sich zu entzünden. Aufgebracht und barfuß humpelte Anastasia zu Heidekrum. „Wenn ich jetzt auch noch humple und einen Klumpzehen bekomme, ist es für immer aus mit einem Mann" schniefte sie. Doch Heidekrum lehnte diesmal jede Hilfe ab. „Bei Dir ist ohnehin nichts mehr zu machen", sagte sie mit kalter Stimme, wandte sich ab und trank ihren Krötensaft ohne auch nur die geringste Rücksicht auf Anastasias heiße Tränen zu nehmen. Laut schluchzend humpelte diese wieder durch den Wald zurück, als sie die freundliche Stimme einer alten Frau vernahm. „Was ist denn, Kind?", wollte diese wissen.

„Ach, mein armer Fuß", stammelte Anastasia verzweifelt und streckte der Alten weinerlich den entzündeten Zehennagel hin. Die alte Frau besah ihn sich kurz und sagte dann: „Das ist kein Grund, um verzweifelt zu sein. Ich kann Dir helfen!" „Setz Dich einfach mal zu mir, mein Kind"! Anastasia tat wie es die Alte gesagt hatte, und tatsächlich schien diese sehr genau zu wissen was sie tat. Um den entzündeten Nagel befestigte sie ganz vorsichtig eine Spange, bestrich es mit einer heilenden Paste aus Kräutern, und sofort fühlte sich Anastasia besser. Bereits auf dem Heimweg verspürte sie weniger Schmerzen. Während Anastasias Fuß wieder heilte, besuchte sie die alte Heilerin oft im Wald. Diese brachte ihr bei wie man Wunden reinigte, welche Wurzeln und Beeren sich für Heilsäfte herstellen ließen, und Anastasia lernte sogar wie sich Fieber senken und Ausschläge lindern ließen. „Eine Frau muss etwas können!" Sagte ihr die Alte immer wieder. „Einen Mann zu heiraten ist nicht genug, nie nicht!".

Natürlich hatte sich die Alte mit dieser Einstellung zu jener Zeit keine Freunde ge-macht.

Als „Hexe" war sie in den Wald getrieben worden. Dabei, Anastasia konnte das bezeugen, hatte sie in ihrem Beisein keinen einzigen Zauberspruch verwendet. Sie war eine weise Medizinfrau und auf gar keinen Fall eine Hexe. Bei Heidekrum war sich Anastasia hingegen nicht so sicher, aber dieser ging sie ja nun ohnehin weiträumig aus dem Weg.

Wie es der Zufall (oder vielleicht auch das Schicksal) wollte, lernte sie auf einem dieser Spaziergänge Jörg kennen, einen lustigen, jungen Waldarbeiter, der noch nie eine schönere Frau als Anastasia gesehen hatte – wie er ihr versicherte.

Sie wiederum hatte noch nie so stramme, feste Waden und so wunderbar dunkle Augen wie bei Jörg gesehen, so dass die Liebe zu einer Gegenseitigen wurde. Besonders lobte er ihren klugen Verstand, ihre runden, rosigen Wangen und die Weichheit ihrer Haut.

Anastasia und der Waldarbeiter Jörg passten so prächtig zusammen, dass es ihr noch nicht einmal etwas ausmachte, dass der Prinz und der Hofnarr nun noch einmal jedes Haus unter die Lupe nahmen, um Cindie zu finden.

Bei diesem Versuch gelang es ihnen. Was jedoch nicht glückte, war der Versuch des Hofnarren den silbernen, nachgemachten Schuh blitzschnell auszutauschen, so wie er es geplant hatte.

Zunächst war alles noch nach Plan gelaufen. Der Hofnarr hatte den Prinzen abgelenkt, so dass dieser im Moment des Austauschs nicht auf Cindies riesige Füße blicken sollte.

Im entscheidenden Augenblick wollte er dann, ganz nach dem Vorbild der Königin, den langen Rock über den ausgetauschten Schuh gleiten lassen, so dass auch hier nur mehr eine silberne Spitze hervorblitzen sollte.

Doch der verliebte Prinz ließ sich nicht so einfach ablenken, nachdem er nun endlich in einem Raum mit Cindie war.

Er wandte seinen Blick nicht mehr von ihr ab. Unmöglich! Der dunkelgelockte lächelte sie verträumt an. Und so ging des Hofnarren Vorhaben gründlich schief. Heimlich fluchte der mit allen Wassern gewaschene Hofnarr vor sich hin, doch gegen die Liebe war eben einfach kein Kraut ge-wachsen. Der Prinz sah zuerst ihre riesigen Füße, dann ihre strahlenden Augen.

Es war um ihn geschehen. „Ihre Füße sind riesig, doch liebe ich alles an ihr!"
Ließ er stolz verkünden, und der Hofnarr rief hinterher: „ Das ist die Braut, jaaaaaa, das ist sie, die Braut"!

Es wurde ein riesiges Fest gefeiert und viele Tage durchgetanzt. Das Königshaus ließ sich selbstverständlich nicht lumpen, jetzt wo der Fortbestand ihres Hauses gesichert war!

Alle Schuster aus der Region hatten hinterher mindestens fünf Mal so viel zu tun wie sonst, da einige der Schuhe komplett durchgetanzt waren.
Doch das hat keinen Schuster in diesen Tagen je gestört. Im Gegenteil. Auf diese Weise ließ sich gut für schlechtere Zeiten etwas zur Seite legen.

Indes – von schlechten Zeiten war nichts zu sehen oder zu spüren, jetzt, da Cindie und der Prinz ein Paar waren. Endlich hörte man wieder Lachen und sah die Freude auch bei Hof. (Zuvor waren alle etwas beunruhigt darüber gewesen, ob es dem pingeligen Prinzen gelänge sich endlich für eine Frau zu entscheiden).

Nun waren sie mehr als erleichtert darüber, dass nicht nur dem Prinzen Cindie so außerordentlich gefiel; auch Cindie war von dem Prinzen mehr als angetan.

Und das nicht nur, weil er ein Prinz war. Nein, sie passten einfach von Anfang an ganz hervorragend zusammen.

Besonders hob sie seine rücksichtsvolle, unaufdringliche Art lobend hervor! Und so etwas ist immer ein Segen!

Überflüssig zu erwähnen, dass Cindie ihm während des Brauttanzes kein einziges Mal auf die Füße trat. Es ist nämlich ein haltloses Vorurteil, dass Frauen mit großen Füßen ungeschickt seien. Überhaupt wird den Füßen in dieser Hinsicht viel zu viel angelastet. Sie tragen uns durchs Leben, alle Menschen, und manchmal, so denke ich, sollten wir ihnen viel dankbarer dafür sein als wir es, in der Regel, sind. Ob die Königin das Geheimnis ihrer Füße gelüftet hat, kann ich nicht sagen. Doch Cindie und der Prinz waren ebenso glücklich wie Anastasia und Jörg. Letztere lebten zwar nicht auf gar so großem Fuß wie das Prinzenpaar, doch nichts erschien ihnen schöner als barfuß und dabei Hand in Hand, besonders an den warmen Sommerabenden, durch den fein bemoosten Wald zu laufen. Jörg ließ Anastasias Hand niemals los. Sie sollte sich an keinem Stein stoßen, so sehr liebte er sie. Heidekrum hat man dort nicht mehr gesehen, doch es ging die Sage, dass sie sich in eine Kröte verwandelt habe und nun in den Sümpfen lebte.

Ob es stimmt, kann ich nicht sagen. Die Schnecken aus der Gegend waren zumindest dankbar über ihr Verschwinden, da sie nun niemand mehr dazu benutzte, um aus dem mehr als reichhaltigen Schneckenschleim ihre diversen Schönheitswässerchen zu bereiten.

Auch die knorrigen Bäume seufzten erleichtert auf, da nun niemand mehr mit den Füßen zuerst an ihnen aufgehängt wurde.

Überhaupt begannen die Menschen nun wieder viel zufriedener mit sich und ihrem Aussehen zu werden.

Niemand wollte mehr größer sein als er war, niemand brauchte mehr Wässerchen oder sonstige Tricks. Nötig war es ohnehin nicht.

Eine jede Frau aus dem Königreich bekam ihren Mann, und ein jeder Mann eine Frau.

Und jeder, das konnte man sehen, wenn man genau hinsah, war auf seine eigene Art schön. Niemand musste mehr in eine Form — oder in einen bestimmten Schuh - passen.

Lange schon war in dem Königreich nicht mehr so viel gelacht und geliebt worden wie in der Zeit nach der großen Hochzeit. Heidekrum war also nicht mehr vonnöten. Selbstverständlich kann es gut sein, dass sie aus diesem Grunde die Sümpfe vorgezogen hat. Sie hatte ein Gespür dafür, wann sie nicht mehr erwünscht war.

Die Sümpfe haben ihren ganz eigenen Reiz — wie beinahe alles auf dieser Welt. Ihr Geruch ist bisweilen, besonders an den regnerischen oder auch an den besonders heißen Tagen des Jahres, in der Tat etwas gewöhnungsbedürftig, doch da kommt es, wie überall auf der Welt, im Grunde nur auf die richtige Einstellung an.

Oft rochen sie auch einfach nur nach Erde, was, wie ich finde, ein wunderbarer Geruch ist. Erde und Gras und Moos. Über letztere kann man herrlich barfuß gehen, auch wenn sie noch vom Regen feucht sind. Vielleicht sogar gerade dann. Anastasia und Jörg taten dies jedenfalls oft.

Auch dann noch, als ihre vier Kinder geboren waren, begleitet von der alten Frau, die, neben der Kraut- und Kräuterkunde, dem Schuhe beschlagen und Sternedeuten auch die alt-bewährte, traditionelle Hebammenkunst auf das Beste beherrschte.

„Wie winzig doch so ein Kinderfuß ist", hatte die alte Frau aus dem Wald bei der Geburt jeder ihrer vier Töchter lächelnd gesagt.

„Doch wachsen tun sie alle – zum Glück!"

Anastasia fand das auch.

„Wie sonst könnten sie den Menschen durchs Leben tragen."

Da war, soviel steht fest, etwas dran!

Anastasia lernte im Laufe der Zeit all ihre Heilkunst kennen, und wurde zu einer im Land anerkannten Heilerin.

Die düsteren Zeiten, in denen man deswegen noch als „Hexe" in den Wald getrieben wurde, waren mittlerweile vergangen.

Die Heilerinnen jener Zeit standen hoch im Kurs und wurden von den Menschen geradezu verehrt. Wenn jemand in der Lage ist einem anderen den Schmerz zu nehmen, dann gehört sich das ja auch.

Heidekrum hat vom Tag der Hochzeit an wahrscheinlich niemand mehr vermisst.

Warum sie aber ausgerechnet eine Sumpf-Kröte geworden ist, kann ich beim besten Willen nicht beantworten.
Was man ihr allerdings lassen musste war, dass sie zu einer prächtigen Kröte wurde.
Man konnte sich schier nicht an ihr satt sehen,
Die Schönheit liegt zwar, wie immer, im Auge des Betrachters.

Doch so eine schimmernde Haut ist, soweit ich mir das vorstellen kann, selbst bei einer Kröte keinesfalls alltäglich.

Ich war nun öfter in dem Sümpfen um sie zu bewundern.
Und war ich nicht die einzige.
Ein junger grasgrüner Frosch hatte sich ganz schön in sie verguckt, das war nicht zu übersehen.
Die alte Medizinfrau, welche man dazu befragt hatte, sagte hierzu kein Wort.

Eine wahrlich weise Frau lässt sich auf Klatsch und Tratsch nämlich niemals ein.

Schneewittchens Apfel

Nachdem Schneewittchen an den Folgen des vergifteten Apfels beinahe gestorben wäre, beschloss sie kurzerhand in Zukunft nur noch Nougat und venezianische Kokosmakronen zu sich zu nehmen. Es erschien ihr irgendwie sicherer. Zwar nahm sie dadurch etwas zu, ihren Mann, der vom Prinzen mittlerweile zum König aufgestiegen war, störte das jedoch nicht.

Er war immer noch so erleichtert über die Tatsache, dass er Schneewittchen vor dem fast sicheren Tod bewahrt hatte, dass ihm solche Äußerlichkeiten nicht wichtig waren.

Zudem waren ihre Beine die Säulen, die das Königreich trugen, so wie er sich auszudrücken pflegte, und Säulen sind nun einmal keine dürren Stöcke. Jedenfalls in der Regel. Ich bin mir sicher, dass es durchaus Ausnahmen geben kann, doch bei Schneewittchen war es nun einmal so und nicht anders.

Doch obgleich es in dieser Richtung also keine Probleme gab, und Schneewittchen dem Wiener Nougat und den feinen venezianischen Kokosmakronen sehr zugetan war, verlangte etwas in ihr doch wieder nach Äpfeln.

Warum, wusste sie selbst nicht so recht. Fast schon spürte sie die wunderbare Frische, die Saftigkeit und die leichte Säure eines Apfels auf ihren Lippen bei der durchaus angenehmen Vorstellung in einen solchen hineinzubeißen.

Gleichzeitig jedoch bekam sie Angst, denn ein vergifteter Apfel war das Letzte gewesen, in das sie gebissen hatte, bevor sie von den Sieben Zwergen betrauert und in einen gläsernen Sarg gelegt worden war. „Wenn Ihre Hoheit Angst vor Äpfeln haben", sagte der Jäger, „dann folgen Sie mir in den Wald!"

Das mit dem Jäger war eine zweischneidige Sache.
Ursprünglich handelte es sich nämlich um eben jenen Jäger, der damals von der bösen Königin den Auftrag erhalten hatte Schneewittchen zu töten. Da er ein guter Mensch war, hatte er es damals nicht über das Herz gebracht, und wie man sich sicherlich gut vorstellen kann, hatte ihn das seine Arbeitsstelle gekostet. Ein wirklich guter Jäger verhungert zwar nicht gerade, dennoch ist es auch nicht besonders angenehm sich ohne feste Bleibe im Wald herumzutreiben.

Aus diesem Grund hatte Schneewittchen ihren Prinzgemahlen darum gebeten den überaus freundlichen Jäger in die Dienste seines Königsreichs zu nehmen. Obgleich sie ihm sehr dankbar dafür war, dass er sie damals nicht getötet hatte, blieb doch eine gewisse Sorge zurück, eine recht schwer zu beschreibende Angst, die vielleicht der Angst mit dem Apfel sogar auf eine Art ähnelte.

Doch da sie wusste, dass die Angst nicht davon besser wurde wenn man ihr aus dem Weg ging, wagte sie es und ging mit dem Jäger in den Wald. Dort sollte sie mehrere Prüfungen bestehen die ihren Mut beflügeln sollten. Zuerst, das war die erste Prüfung, musste Schneewittchen eine Kröte streicheln. Ihre Haut war etwas glitschig, doch die beinahe hellgelbe Farbe wiederum von ungewöhnlicher Schönheit. Ob es sich hierbei tatsächlich um die verwandelte Heidekrum, die sich vor einiger Zeit still in die Sümpfe zurückgezogen hatte handelte, kann ich wirklich beim allerbesten Willen nicht sagen.

Andererseits kommt es darauf vielleicht auch nicht unbedingt an.

Viel wichtiger war, dass Schneewittchen es bisher tunlichst vermieden hatte Kröten zu berühren.

Doch spürte sie, dass sie sich auf den Jäger, der ihr die Kröte behutsam herüberreichte, verlassen konnte. Der Jäger meinte es gut mit ihr und wollte tatsächlich erreichen, dass sie ihre Ängste überwand. „Sie müssen unbedingt ganz genau auf Ihren Instinkt, die innere Stimme hören", schärfte er Schneewittchen ein. „Wenn Ihre Angst zu groß ist, dann lassen Sie es erst einmal sein, Majestät."

Er machte sich offenbar wirklich Gedanken. Aber das war ja kein Wunder. Immerhin hatte er ihr schon einmal das Leben gerettet - und so etwas verbindet, man kann es sich vorstellen, tatsächlich ungemein. Schneewittchen nickte. Sie verstand was er meinte, doch diese Kröte erschien ihr eine Herausforderung zu sein, die sich meistern ließ. Vorsichtig näherte sie sich der Kröte mit ihrer weichen, weißen Hand und zuckte noch nicht einmal zurück, als sie die Kröte berührte. Sie hatte überhaupt nichts Bedrohliches an sich.

Zwar fühlte sich anders an als erwartet, und es gab dennoch keinen Grund Angst zu haben. Schneewittchen lächelte den Jäger an, und die Kröte verschwand mit einem beherzten Sprung wieder in den Sümpfen. „Nun kommen wir zur nächsten Mutprobe", verkündete der Jäger.

Er war ziemlich stolz auf seinen ersten Erfolg und hoffte, dass auch das nächste Abenteuer Schneewittchen, das ja immerhin bereits so Einiges im Leben hatte durchmachen müssen, nicht unnötig verschreckte. Bisher hatte sie sich als durchaus tapfer erwiesen. Selbst den Wald hatte sie lange gemieden, doch nun war ihr anzusehen, dass sie mehr als gewillt war sich all ihren Ängsten entgegenzustellen. Nun ja, vielleicht nicht gerade allen. Ich erwähne dies deshalb, weil es nämlich nicht immer sinnvoll ist. Manche Ängste bergen in sich nämlich durchaus die wichtige Fähigkeit unser Leben zu retten (wenn einmal kein hilfreicher Jäger zur Hand ist). Schneewittchen, die in ihrer Jugend gänzlich ohne Ängste oder Vorsicht gewesen war, hatte dies ja mit dem Biss in den vergifteten Apfel bezahlen müssen – beinahe gar mit ihrem Leben.

Ein gesundes Misstrauen ist also ab und zu in jedem Fall angebracht, doch ist es, das gebe ich zu, nicht immer gerade leicht sich auf sein inneres Gefühl zu verlassen.

Zu viele andere Gedanken können unsere innere Stimme stören, und das hatte eben auch Schneewittchen am eigenen Leib ziemlich schmerzhaft erfahren. Der Jäger spürte dies alles instinktiv. Dadurch zeichnen sich richtig gute Jäger übrigens aus. Sie brauchen ein Gespür für das Gleichgewicht. Für das Gleichgewicht im Großen ebenso, wie für das Gleichgewicht im Kleinen. Sonst wäre er kein guter Jäger. Dieser hier jedoch, daran gab es nichts zu Rütteln, war ein besonders guter Jäger. Er blieb auf einer Lichtung stehen. Mit einem Mal hatte der Wald ein gänzlich neues Aussehen, ein neues Gewand bekommen. So hell war es auf dieser Lichtung, und die Luft flirrte vor lauter Leben und den Insekten, die sich auf den Blumen niederließen. Der Zaunkönig zwitscherte laut und versunken vor sich hin und Schneewittchen hatte, genau in diesem Augenblick, das feste Gefühl, dass am Ende doch noch irgendwie alles auf eine wundersame Art wieder gut werden könnte. „Hören Sie jetzt einmal in sich hinein, Hoheit", bat er Schneewittchen. „Wie fühlen Sie sich?"

Ein leichter Wind ging durch ihr dunkles Haar, und die Sonne erleuchtete ihre weiße Haut, die in diesem Augenblick noch heller als gewöhnlich wirkte. „Gut", antwortete sie, und das war die Wahrheit. In diesem Moment passte für sie einfach alles prächtig zusammen. „Und was machen wir als Nächstes?" „Einen Fluss über-queren", gab der Jäger zur Antwort. Man hörte ihn bereits von weitem rauschen. „Ist es denn ein breiter Fluss?", wollte Schneewittchen wissen.

„Ja", gab der Jäger zurück. „Er ist breit und dennoch ist er gerade schmal genug". Schneewittchen konnte sich zwar darunter nichts vorstellen, doch der Jäger fand, dass das nicht schlimm sei.

„Wenn wir erst einmal am Fluss sind, so werdet Ihr es verstehen", versprach er ihr. Schließlich erreichten sie den Fluß, der weder reißend groß, noch murmelnd klein war. In der Tat befand er sich mit seiner Größe etwa dazwischen.

Schneewittchen entledigte sich einer ihrer Schuhe und stippte den rechten Fuß ins Wasser. „Es ist weder zu kalt noch zu warm", stellte sie erfreut fest, während sie sich nun auch noch den zweiten Schuh abstreifte. Sie zog ihr langes, hübsches Kleid bis zu den Knien hoch und stieg ins Wasser. „Der Fluss ist nicht zu tief und nicht zu flach!". Sie bemerkte nun, dass sie ruhiger wurde. „Doch wird der Fluss auch so bleiben?"

„Das weiß ich echt nicht", antwortete der Jäger. „Doch ich kenne jemanden, der das wissen könnte, und es schadet niemals diejenigen zu fragen, die sich wirklich auskennen." In eben diesem Moment kam eine große Entenfamilie laut quakend, wie es sich gehörte in Reih´ und Glied vorbeigeschwommen.

Schneewittchen, welches seit ihrer Zeit im Wald über die Fähigkeit verfügte mit Tieren zu sprechen, fragte die Enten: „Kann ich als Mensch es wagen diesen Fluss zu überqueren?“

„Was meinst Du denn?“, quakte die Ente, die natürlich nicht wusste, dass sie es mit einer echten Hoheit zu tun hatte.

„Selbstverständlich!“ Fast wirkte die Ente bei dieser Antwort empört.

Schneewittchen überlegte so vor sich hin, ob sie dieser Ente trauen konnte. Sie hatte sich früher in dieser Hinsicht ja oft geirrt.

„Was sagt Ihnen Ihr Gefühl?“, wollte der Jäger wissen, dem bewusst war was in jenem Moment in Schneewittchen vor sich ging. Immerhin war er in einer der aller- schwersten Stunden ihres Lebens bei ihr gewesen. „Ich für meinen Teil traue ihr“, antwortete Schneewittchen entschlossen.

„Dann gehen wir!“ Der Jäger lächelte.

Er hatte ein gutes Gefühl für alles in Wald und

Flur — die Tiere mit eingeschlossen, und er wusste ebenfalls längst, dass die Ente sich nicht irrte. Mühelos durch-querten er und Schneewittchen den Fluss.

„Was wird denn die nächste Prüfung sein?" wollte Schneewittchen wissen.

„Wir werden einen Berg besteigen", fasste der Jäger das nächste Vorhaben knapp zusammen. „Vorher sollten wir allerdings jedoch noch etwas essen!" Er packte ein ordentliches Stück Hefebrot, französischen Käse und ein Getränk aus seiner Tasche und bot Schneewittchen beides an.

Ein feiner Stich durchfuhr sie. Schon einmal hatte sie etwas gegessen, das beinahe zu ihrem Tod geführt hätte. Prüfend sah sie dem Jäger in die Augen. Dieser wusste ihren Blick zu deuten und hielt ihm stand. Schneewittchen hörte in sich hinein und beschloss, dass dem Jäger und seinem Hefebrot zu trauen war. Auch diesmal irrte sie sich nicht. „Wie hoch wird der Berg sein?" wollte sie wissen.

„Weder zu niedrig, noch zu hoch schmatzte der Jäger, noch immer an seinem Hefebrot kauend, zurück. „Was er damit wohl meint?", überlegte Schneewittchen neugierig. „Ihr werdet es gleich sehen", beantwortete der Jäger ihre Frage mit freundlichem Lachen, denn ihm war bewusst, dass er soeben ihre Gedanken gelesen hatte. Der Berg glich jenen, die Schneewittchen einst überquert hatte, als sie von ihrem Zuhause hatte flüchten müssen. „Was meinen sie nun damit- nicht zu hoch und nicht zu niedrig?" „Damit meine ich", erklärte der Jäger, „dass ich niemals einen niedrigen Berg für meine Majestät ausgewählt hätte, denn nach dem, was Ihr heute bewiesen habt, könnt ihr auch einen hohen Berg überwinden." „Woher wollt Ihr das eigentlich wissen?" Schneewittchen war sich mit einem Mal sehr unsicher, als sie so zu dem in den Wolken versteckten Gipfel hinaufsah. „Ganz einfach!"

Der freundliche Ausdruck des Jägers, der zunächst nur in seinem Gesicht aufgeblitzt war, hatte nun komplett Besitz von ihm ergriffen. „Weil Ihr es vor Jahren schon einmal geschafft habt!" Schneewittchen nickte. „Sieben steile, zerklüftete und kalte Berge waren es damals gewesen!" Gemütlich konnte man das nicht gerade nennen, doch war es ihr gelungen! Sie spürte erneut in sich hinein, und ihre innere Stimme verriet ihr, dass sie diesen Berg, zumal mit Hefebrot und Quellwasser gestärkt, an der Seite des Jägers würde bezwingen können. Der Aufstieg war nicht leicht, und dennoch gut für sie zu schaffen, genauso, wie sie es sich gedacht hatte.

Als sie auf dem Gipfel standen und der Wind ihr schwarzes Haar zerzauste, fühlte sie sich unendlich wohl.

Nach dem Abstieg dunkelte es bereits, und es wurde zunehmend kalt.

„Nun", gab der Jäger zu bedenken, „sollten wir ein Feuer entfachen!"

Schneewittchen hatte offene Feuer bisher immer gefürchtet, doch sagte ihr eine innere Stimme, dass selbst etwas so prinzipiell Un-kontrollierbares wie Feuer, wenn man es richtig behandelte, keine Bedrohung mehr darstellen würde.

Der Jäger suchte das Holz zusammen, und so saßen sie gemeinsam und wärmten sich lange am prasselnden Feuer, bis Schneewittchen, vom Jäger bewacht, schließlich einschlief.

Gut und tief war in jener Nacht ihr Schlaf, böse Träume blieben fern von ihr.

Als sie am nächsten Morgen erwachte, war dort, wo das Holz lodernd gebrannt hatte, ein kleines Bäumchen gewachsen.

„Ein Bäumchen!" Rief sie überrascht aus. „Ein Apfelbäumchen, um genau zu sein", brummte der Jäger, der diese Dinge immer sehr exakt nahm. „Was ist nun die nächste Prüfung?" Schneewittchen war neugierig, aber auch voller Mut, denn es gab so vieles, das sie nun nicht mehr fürchtete.

„Die nächste und letzte Prüfung", antwortete der Jäger, „ist die Geduld. Wir müssen nämlich nun darauf warten, dass dieses Bäumchen wächst und Früchte trägt." Sie blieben drei Tage in der Nähe des Baums, doch dieser wuchs nur unwesentlich.

Der Baum war auch noch nach einer Woche recht klein, und - Geduld hin oder her, so musste Schneewittchen ihren zahlreichen politischen Verpflichtungen bei Hof nachkommen. Doch in den nachfolgenden Monaten und Jahren gingen sie und der Jäger den Weg zu dem Bäumchen hin, an Heidekrum vorbei, durch den Fluß und über den Berg zumindest einmal pro zunehmendem Mond. Sie gossen das Bäumchen gut, schützten es vor Rehen und Käfern bis es schließlich zu einem großen, gesunden und schönen Apfelbaum herangewachsen war. Schneewittchen war durch diese häufigen Wanderungen immer sicherer geworden. Sie hatte die untrügbare Gabe erworben zu erkennen vor wem es sich Angst zu haben lohnte, und wann eine solche Angst nur eine Fessel war. Der Baum trug nun viele reife Äpfel und Schneewittchen spürte, dass es an der Zeit war nun endlich einen zu kosten.

Doch hatte sie noch eine andere Idee, denn, das wusste sie, in Gesellschaft schmeckte einfach alles am Besten – das galt natürlich auch für Äpfel.

Also sammelte sie die gesamte Erne mit Hilfe des Jägers ein, um sie den Zwergen zu bringen, welche gar nicht weit entfernt wohnten, und die sie schon häufig vermisst hatte. „Das wird ein richtiges Fest geben!" stellte der Jäger mit sich und der Welt enorm zufrieden fest, und Schneewittchen, die sich innerlich schon ausmalte wie sie in einen der köstlichen Äpfel beißen würde, konnte ihm da nur beipflichten.

„An deiner Stelle würde ich lieber gar nichts mehr essen!", hörte sie jedoch zu ihrem Entsetzen plötzlich jemanden von unten ganz grimmig vor sich hinmurmeln. Schneewittchen sah zu Boden, um zu sehen wer da sprach. Tatsächlich, es war die Heidekrum, eine Kröte. „Das ist nicht die Kröte, die ich damals in den Händen hielt", war Schneewittchens allererster Gedanke. Zwar war Heidekrum eine durch-aus gut aussehende Kröte, doch ging etwas Düsteres und Bedrohliches von ihr aus, was Schneewittchen sofort zur Kenntnis nahm. „Und warum sollte ich denn nichts mehr essen?", fragte sie die Heidekrum recht verwundert? „Nun ja", gab diese zurück, „als Ihr damals so wunderhübsch in dem gläsernen Sarg lagt, so durchscheinend, jeden Knochen konnte man unter dem Kleid durchschimmern sehen. Doch jetzt, so rund passt Ihr doch nicht einmal in

Euren alten Sarg, da gehe ich jede Wette ein!"
Schneewittchen war empört. „Und ob ich noch
in meinen alten Sarg passe! Das werden wir ja
sehen!" Der Jäger war entsetzt von diesem
Vorhaben zu hören. Der gläserne Sarg existierte
nämlich noch. Er stand an einer schwer
zugänglichen Stelle im Wald in der Nähe der
Wohnstätte der Sieben Zwerge. Der Jäger hatte
kein gutes Gefühl dabei, als er sich vorstellte
Schneewittchen würde nun tatsächlich
versuchen sich in ihren alten Sarg zu zwängen.
Natürlich war sie im Laufe der Jahre, in der sie
zur Frau geworden war, nicht mehr in der
gleichen Verfassung als sie noch, dem Tode
nahe in ihrem Sarg gelegen hatte. Doch
Schneewittchen war nicht mehr aufzuhalten. So
schnell sie (mit all den Äpfeln, die sie für die
Zwerge eingepackt hatten), nur laufen konnten,
trabten sie in Richtung gläsernem Sarg.
Heidekrum sah ihnen listig und ganz außerordentlich schadenfroh hinterher.
Man hätte beinahe schwören können, dass sie
dabei kicherte, allerdings weiß ich nicht zu
sagen, ob Kröten so etwas überhaupt tun.

Schneller als dem Jäger lieb war, stießen sie auf den von einem kleinen Bach vorsichtig umspülten Sarg.

Er stand noch immer an der gleichen Stelle, an welcher der Prinz sein geliebtes Schneewittchen damals wieder zu sich kommen gesehen hatte.

Doch nun bot sich ein ganz anderes Schauspiel. Schneewittchen, die flugs hineingeklettert war, lag mittlerweile ganz starr, reglos, hoffnungslos eingeklemmt, beinahe schon himmelblau angelaufen, totengleich in dem nun viel zu klein gewordenen Sarg. „Warum habt Ihr das denn getan?" Jammerte der Jäger.

„Sie brauchen doch keinen Sarg! Wenn ich mich recht entsinne, sind Sie durchaus am Leben und sollten sich auch entsprechend danach verhalten!

„Das würde ich auch sagen", hörte er mit einem Mal die Stimme der weisen alten Frau, die immer dort im Wald erschien wo ein Mensch in Not war.

Sie legte ihre Hände auf Schneewittchens Sarg, und dieser löste sich auf, wurde zu zahllosen, perlenden kleinen Wassertropfen und verband sich mit dem Fluss.

Unendlich erleichtert, wenngleich auch etwas nass geworden, erhob sich Schneewittchen.

„Nun ist mir als könne ich wieder atmen", sprach sie dankend zu der Alten. „Das sollten Sie, Hoheit", gab ihr diese lächelnd zur Antwort. „Atmen Sie, leben Sie, und vergessen Sie die Äpfel für sich und Ihre Freunde nicht!". „Nein, auf keinen Fall!", gab Schneewittchen freudig zur Antwort. „Doch erlaubt mir Ihnen einen, den größten von allen anzubieten".

„Mit Vergnügen!" Die Alte biss in den köstlichen Apfel und sah Schneewittchen und dem Jäger noch lange nach.

Diese waren nun gar nicht mehr weit vom Häuschen der Sieben Zwerge entfernt.

Schneewittchen schämte sich innerlich ziemlich bei dem Gedanken wie sehr sie sich von Heidekrum ins Bockshorn hatte jagen lassen, offenbar musste sie doch noch viel lernen!

Aber diese Heidekrum hatte es auch in sich. Eine Kröte wie sie war mit allen Wassern gewaschen.

Leicht war es daher durchaus nicht, gegen sie anzukommen. Ganz und gar nicht.

Doch daran wollte sie jetzt erst einmal nicht mehr denken. Die Vorfreude auf ihre Freunde überstrahlte bald um ein Vielfaches jedes unangenehme Gefühl. Ja, das würde ein echtes Fest werden!

Das Glück in ihr wuchs an und so wurden auch ihre Schritte immer größer und schneller.

Heides Mädchen oder:
Dornröschens Verwandlung

Dornröschen, von Geburt an eine zukünftige Königin, hatte sich, wie es ihr die böse Frau an ihrer Geburt vorausgesagt hatte, an einer Spindel gestochen und war in einen hundertjährigen Schlaf gefallen. Das gesamte Königreich, nach einiger Zeit mit Dornen überwuchert, konnte von niemandem mehr eingesehen werden – außer von Heidekrum, der Kröte.

Normale Kröten können unmöglich so locker gleich einmal 100 Jahre alt werden – etwa so lange sollte der Fluch anhalten – doch diese Kröte hier war keinesfalls eine normale Kröte. Ab und an entschlüpfte sie ihren Sümpfen und sah sich das ganze Elend mit dem schönen, schlafenden Dornröschen und dem gänzlich erstarrten Königreich persönlich an. „Was für eine

jämmerliche Verschwendung", dachte sie seufzend, als sie das schöne, junge Gesicht von Dornröschen sah. „Na ja, aber immerhin altert sie nicht. Sie braucht nicht einmal Botox gegen

Falten! Was für ein Glück, denn sämtliches Botox aus dem Reich war mittlerweile nach Übersee verschifft worden, wo es weitaus reichere Abnehmerinnen fand als hierzulande. Immerhin, zu Heidekrums unendlicher Erleichterung, bewegte sich kein Muskel im Gesicht der jungen Schlafenden, was der Faltenbildung geradezu in idealer Weise entgegenwirkte. „Ach, du bist einfach mein Mädchen, *mein* Mädchen!", hauchte die Heidekrum entzückt, bevor sie sich wieder in ihre Sümpfe zurückzog und auf das Erwachen vom schlafenden Dornröschen lauerte. (Zugegebenermaßen war dieses Warten mit gemischten Gefühlen ver-bunden, denn würde sie aufwachen, so würde nur ein einfaches Lächeln oder gar ein Stirnrunzeln zu ersten Falten führen). Allein der Gedanke daran entsetzte die Heidekrum zutiefst, so dass sie sich, (man kann ja nie früh genug damit anfangen), auf die Suche nach den besten Kosmetika des ganzen Landes machte. Sie erwarb zudem drei Spiegel mit goldenen Rahmen, mit mannigfachen Edelsteinen verzierte Puderdöschen. Ein hellblauer Lidschatten konnte, sobald man das ovale Tiegelchen öffnete, sogar ein kleines Lied spielen…. Es trug den Titel „Die Schönste im Land" und war aus dem Nachlass der mittlerweile, (beunruhigend vertrocknet und faltig) verstorbenen, bösen Stiefmutter von Schneewittchen. Die Heidekrum hatte weder Kosten noch Mühe gescheut. Sie hatte einen raffinierten, porenver-feinerndes Natur- Talg zubereitet, einen „Primer", wie sie das nannte, hatte aus der besten Sumpferde Kajalstifte und aus gefärbter Tonerde Rouge angemischt. Aus gestampften Gelbkirschen hatte sie ein Mittel angerührt, welches die Nerven im Gesicht ein wenig lähmen sollte – gerade so viel, dass es zu keinen allzu extremen, ja nicht einmal zu etwas wie ansatzweise ausdrucksvollen Gesichts-ausdrücken, die das Risiko zur Faltenbildung in sich trugen, kommen sollte. *Ihr* Mädchen sollte sich die Schönheit lange, lange bewahren. Auch Schnecken wurden wieder eingesammelt, da gerade dem halb gegorenen und fünf Mal zentrifugierten Schneckenschleim eine enorme, magische und unmittelbar schönheitsfördernde Wirkung nachgesagt wurde. Etwas, was keiner dieser Schnecken verständlicherweise in den Kram passte. Doch so geschickt sie sich auch zu verstecken suchten: Heidekrum fand jede von ihnen und verwendete sie für ihre Sammlung. Nun musste sie nur noch auf den vom Schicksal vorausgesagten jungen Prinzen warten, der Dornröschen befreien sollte. Er konnte jetzt ruhig kommen: Sie, Heidekrum, war bestens vorbereitet. Sogar nicht weniger als 37 Lockenwickler aus Tannenzapfen hatte sie gebunkert, wobei sie doch noch etwas unent-schlossen hinsichtlich der Frage war, ob man das Haar in dieser Saison eher glatt oder lockig trug. Während sie noch darüber nachsann und in Gedanken ein voll funktionierendes Glätteisen aus Holzrinde und Harz entwarf, näherte sich der Prinz, so wie es vor vielen Jahren ge-weissagt worden war. In größter Tapferkeit schlug er sich den Weg frei durch das dichte, kräftige Gestrüpp und drang zu der schlafenden Schönheit vor. Liebe regte sich in seinem Herzen und vorsichtig begann er damit sie zu küssen, immer in der Hoffnung sie möge davon nun endlich wieder zum Leben erwachen. Seine Tränen benetzten ihr Gesicht, da es zu Beginn nicht recht gelingen wollte, doch dann, es war ein Wunder: Dornröschen schlug die Augen auf. Sie sah in das Gesicht des Prinzen und dieser blickte, noch immer etwas weinend- aber diesmal vor Freude – in das ihre. „Ihr seid wieder am Leben!". Dies waren seine ersten und seine letzten Worte, denn nun wurde er von Heidekrum energisch zur Seite gestoßen. „Weg da, du Spinner!" Sie war zu Recht besorgt darüber, dass des Prinzen Tränen die ganze Grundierung, die sie Dornröschen Testes halber bereits schon einmal dick aufge-tragen hatte, verwischen und ruinieren würde. Der Prinz stand völlig verdutzt mitten im Nirgendwo – ohne Dornröschen, denn Heidekrum hatte es mit dem Lied aus der ovalen Dose und dem glitzernden Gold einfach hinter sich hergelockt. Dorn-röschen, das seit 100 Jahren nichts und niemanden mehr gesehen und gehört hatte, war verständlicherweise enorm gut abzulenken und leicht zu beeinflussen. Etwas, was sich die

Kröte nun natürlich zunutze machte. Dennoch blieb vor Dornröschens Augen das Bild des lieben Prinzen. Seine Augen erschienen ihr in Gedanken, und sie begann verträumt vor sich hinzulächeln. „Schluss mit der dumpfduseligen Träumerei!", giftete Heide Dornröschen an. „Du hast jetzt ja wohl lang genug tranig vor dich hingeträumt!" Dornröschen erschrak ein wenig. „Diese Kröte ist kein Ersatz für ein menschliches Antlitz", dachte sie bei sich. Heidekrum, wer weiß schon, ob sie nicht auch noch Gedanken lesen konnte, jedenfalls wusste sie offenbar sofort was es zu tun galt. „Hier!" Sie reichte Dornröschen einen der so reich verzierten Spiegel.

Dornröschen erblickte sich – und im gleichen Moment war der gute Prinz vergessen. „Wie schön ich doch bin!", hauchte sie entzückt.

„Ja, ja, schon gut", gab ihr Heidekrum etwas ungeduldig zurück. Dornröschen begann ihr ein wenig auf die Nerven zu gehen, allerdings nur ein wenig. Ihre Schönheit machte vieles wett. „Obwohl - ohne Primer sind deine Poren doch noch etwas groß!" „Was ist das?" Dornröschen war ehrlich verblüfft. „Wirst Du schon sehen!" Und so begann die Heidekrum hochmotiviert mit ihrer Schönheitsbehandlung.

Wie von der Kröte genau vorausgesagt sah Dornröschen nach nur dreieinhalb Stunden von Heides Spezial- Behandlung mindestens viermal so schön aus als zuvor. Erneut sah sie ihn den Spiegel.

„Ich liebe mich", wiederholte sie nun immer wieder. „Ich liebe mich sooo sehr!" Zufrieden nickte die Heidekrum. „So muss es sein, jawoll!"

„Und - falls dieser komische Prinz nochmal auftauchen sollte, dann schlagen wir ihn mit dem Spiegel so lange auf den Kopf bis er tot umfällt!" Dornröschen nickte heftig. „Der soll sich hier bloß nicht noch mal blicken lassen!" „Locken hatte er!", seufzte die Heide. „Locken- Oh Schande! In dieser Saison!" „Wie peinlich!"

Beide schüttelten sich vor Entsetzen. Um es kurz zu machen: Der Prinz tauchte nicht wieder auf. Er war gegen Süden geritten – und je weiter sein Pferd ihn von Heide und dem eitlen Dornröschen mitsamt der knarzigen Kröte wegtrug, umso leichter wurde ihm ums Herz. Ein paar Schnecken hatten sich ihm klammheimlich ans Revers geheftet- auf der Flucht vor Heidekrum.

Und so konnte er, am Ende, doch noch so einige Leben retten und verschönern.

Es kommt zwar nicht immer so wie man denkt, aber die Schnecken hat es immerhin gefreut den Gefahren ihrer alten Heimat entkommen zu sein. In Irland, dort wo er sich schließlich zur Ruhe setzte, gab es ganz unfassbar feines Gras für sie.

Und das war natürlich ungleich besser als der Heidekrum für ihre Elixiere zu dienen.

Soviel stand jedenfalls fest.
Dornröschen suchte sich mit der Zeit eine neue Herausforderung.
Sie vermählte die Heidekrum mit dem grünen, verliebten und höflichen Frosch.

Dies, es soll nicht verschwiegen werden, machte sie mit viel Geschick, Geduld und Liebe fürs Detail, also ausgesprochen gut.

Rapunzels Perücke

Rapunzel, die einige Jahre glücklich mit ihrem Prinzen gelebt hatte, wurde über Nacht zur Witwe.

Ihr Mann war auf dem Schlachtfeld vor Schweden gefallen, da er sein Reich im Kampf hatte vergrößern wollen.

Rapunzel, von Natur aus nicht für den Krieg zu haben, beschloss daraufhin das Reich in den Frieden zu führen.

Doch kam ihr etwas dazwischen. In der Nacht, in welcher man ihr vom Tod ihres geliebten Mannes erzählt hatte, waren ihr – in einer einzigen Nacht- alle Haare ausgefallen. Das, was man bisher vor allem mit ihr in Verbindung gebracht hatte, ihren langen Haare, waren nun nicht mehr. Doch, so dachte sie, würde man sich daran gewöhnen. Zunächst ging Rapunzel den Staatsgeschäften daher wie gewohnt nach. Über den Kopf hatte sie ein schwarzes Tuch drapiert, welches von einem schmalen, goldenen Reifen gehalten wurde.

Doch noch ehe das Trauerjahr vorüber war, musste sie schmerzlich bemerken, dass man sie bei Hofe nicht mehr respektierte. Wenn es schon eine Frau war, welche die Staatsgeschäfte zu leiten hatte, dann sollte es doch zumindest eine schöne, junge Frau sein.

Ohne ihr besonders Haar war Rapunzel ihnen als Königin nichts mehr wert, und das ver-steckten sie nicht gerade vor ihr.

Rapunzel ging nun oft in den Sümpfen spazieren, um sich zu überlegen wie es in Zukunft mit ihr und dem Königsreich weiter-gehen sollte. Eine Kröte, vermutlich handelte es sich bei ihr um Heidekrum, verfolgte sie dabei hartnäckig, und nahm keinerlei Rücksicht auf Rapunzels trübe Gedanken.

„Trag´ wenigstens ´ne Perücke", raunzte sie die Königin an.

„Kann man ja nicht mit ansehen!" Und obgleich Rapunzel sonst nicht so viel auf die Meinung von Kröten gab, vor allem nicht, wenn sie so flapsig vorgetragen wurde, hörte sie in diesem Fall auf sie. Zu dieser Zeit waren Perücken üblich, obgleich sie gerade dabei waren gänzlich aus der Mode zu kommen.

Doch man könnte die Perücke wohl moderner

gestalten, so dass sie möglichst natürlich aussah, überlegte sich Rapunzel. Vielleicht würde das alles noch zum Guten wenden, und man würde sie bei Hofe wieder mit Respekt behandeln.

Doch so sehr sich all die königlichen Perücken- macher und Coiffeure auch bemühten und berieten: So schön wie ihr altes Haar konnte keine Perücke werden. Sie war nun, da auch die letzte Hoffnung verblasst war, es konnte nicht länger geleugnet werden, eine Andere geworden.

Bei Hofe tuschelte und lachte man über sie, und so beschloss sie für immer fort-zugehen in ein Land, in welchem man sie nicht kannte, und in dem niemand wusste wie sie früher ausgesehen hatte.

Sie ließ sich eine silberne Kutsche mit acht Schimmeln geben, verteilte die restlichen Schätze unter den wenigen Menschen, die sich ihr gegenüber auch in ihrer seelischen Not freundlich gezeigt hatten und verließ das Königreich für immer. Zunächst kam in ein Land, das man „Schweiz" nannte, überquerte die

Berge, machte eine Pause (wegen der Pferde), landete im warmen Italien, im außerordentlich eleganten Frankreich und schließlich im stolzen Spanien.

Überall bemerkte man höhnisch, dass mit ihrem Haar etwas nicht stimmte. Nirgends dort wollte sie bleiben.
Es war nicht schön so angestarrt und verhöhnt zu werden. Weder zu Hause noch in der Fremde.
Gab es denn überhaupt noch ein Zuhause für sie?
Rapunzel war sich dessen überhaupt nicht mehr sicher.
Es kam ihr so vor, als hätte sie restlos alles verloren. Nur die Schimmel waren immer gut zu ihr, so wie auch Rapunzel immer gut zu ihnen war.
So fuhr sie ganz hektisch immer weiter und weiter. „Irgendwo wird es den Menschen doch egal sein!", hoffte sie.
Schließlich, ein sehr langer Weg lag bereits hinter ihr, und die treuen Schimmel waren müde geworden, erreichte sie Portugal.

Weiter mochte sie nicht fahren. Ihre Schimmel taten ihr leid.

So nahm sie ihnen das Geschirr für immer ab und schenkte ihnen die Freiheit.

Sicher bin ich mir nicht, doch glaube ich, dass man sie später in Frankreich, genauer: In der Camargue gesehen haben soll.

Rapunzel wiederum, noch immer in Portugal, saß nun oft am weiten Meer, roch seine Frische und fühlte dabei seine Kraft und die zärtliche, fast spöttische Erhabenheit, mit der Wind ihr Gesicht streichelte.

Und plötzlich, mit einem Mal war ihr egal was die Menschen sagten oder sagen würden. Gänzlich egal.

Anmerkung:

Diese Meerjungfrau ist bei Anke Hartmann zu erwerben. In Ihrem Shop (Daten im Anhang) Das Besondere an dieser kleinen Meerjungfrau ist, dass sie sich, selbst nicht für einen attraktiven menschlichen Prinzen, verändern würde. Deswegen, das weiß sie schon seit sie eine ganz kleine Meerjungfrau war, möchte sie jemanden nehmen, der zu ihr passt. *„Einen mit ´ner Flosse!"* Manche Meerjungfrauen wiederum haben ganz andere Pläne. Es gibt genauso viele wie Menschen (oder eben Meerjungfrauen selbst). Finde heraus, wer Du wirklich bist, was Dich ausmacht, was Du gerne machst, was Du gut kannst, wen Du wirklich magst was Dich glücklich macht. Es gibt so vieles!

Du bist nicht auf dieser Welt um anderen zu gefallen. **Lass Dich nicht verbiegen!**

Ich freue mich über kollegialen Austausch und über die Meinung von Leserinnen und Lesern.
Anregungen und Kritik zum Fragebogen und zu den Geschichten bitte gerne an:

CJ.Schulze@gmx.de

Fragenkatalog

Geschichte: Igor und Natascha*(von Mia)*

Warum glaubst Du sind Igor und Natascha auf dieser Welt?

Warum glaubst Du sind die Menschen auf dieser Welt?

Warum denkst Du bist Du auf dieser Welt? Was ist Deine Meinung hierzu?

Glaubst Du, dass es einen „übergeordneten" Grund gibt, oder denkst Du eher, dass jeder seinen eigenen Grund haben könnte warum er hier ist, oder warum er glaubt hier zu sein?

Denkst Du, dass andere das Recht haben Dir ihre Gründe „überzustülpen"?

Würdest Du anderen Deine Gründe versuchen „überzustülpen" oder schmackhaft zu machen?

Falls ja: Warum?

Falls nein: Warum nicht?

Begründe bitte.

Geschichte: **Faul wie Bienen***(von Mia)*

Wäre es Dir wichtiger das tun zu können, was Du persönlich magst, oder zählt es mehr für Dich Teil einer Gemeinschaft zu sein?

Wie findest Du das Verhalten der beiden Bienen?

Kannst Du die beiden verstehen?

Geht es Dir auch manchmal so wie den beiden?

Falls ja: In welcher Situation / in welchen Situationen?

Stört Dich etwas an ihnen?

Falls ja: Was?

Wie sähe für Dich ein Kompromiss aus? (Freiheit vs. Gemeinschaftssinn)?

Was sind in Deinen Augen die besonderen Vorteile von Gemeinschaftssinn?

Kannst Du ein konkretes Beispiel nennen?

Hast Du Dich schon einmal anders gefühlt als der Rest?

Falls ja: Wie war das für Dich?

War es eher angenehm?

War es eher unangenehm?

War es Dir egal?

Hast Du auch hier ein Beispiel?

(Gerne auch mehrere).

Würdest Du so etwas noch einmal erleben wollen, oder eher alles daran setzen, damit sich eine solche Erfahrung nicht noch einmal wiederholt?

Was könntest Du konkret dazu beitragen?

(Sowohl für den Fall, dass es sich wiederholt, als auch für den Fall, dass es sich nicht wiederholt).

Geschichte: Fennek *(von Mia)*

Wie wichtig ist Dir Freiheit?

Wo fühlst Du Dich eingesperrt?

Warst Du auch schon einmal so traurig wie Fennek?

Hattest Du auch schon einmal das Gefühl gänzlich am falschen Ort zu sein?

Was ist Mut? Was ist Zivilcourage? Beschreibe bitte möglichst ausführlich.

Wie wichtig ist es niemals aufzugeben?

Was hat Fennek gerettet?

Geschichte: Mias Zehen (von Mia)

Frage: Gibt es etwas, das Du besonders gut kannst?

Gibt es etwas, was Dir schwer fällt?

Kommst Du damit klar nicht alles zu können?

Wie hilfst Du Dir selbst dabei?

Wie hilft Dir Deine Umwelt dabei?

Wie findest Du Mia?

Geschichte: Schnuppe und das Einhorn (von Mia)

Frage: Fühlst Du Dich auch manchmal so wütend wie „Schnuppe?"

Warum glaubst Du ist Schnuppe so wütend?

Gibt es etwas, was Dich besonders wütend macht?

Schnuppe hat auf ihrer Reise Wesen kennengelernt, die sie nicht nachahmen möchte.

Wie willst Du auf gar keinen Fall sein?

Wie hat Esmeralda „Schnuppe" geholfen?

Was hat sich in dieser Nacht bei „Schnuppe" verändert?

Fasse es in eigenen Worten zusammen:

Geschichte: Mackie (von Mia)

Wie wichtig ist Freundschaft für Dich?

Hältst Du Freundschaft zwischen sehr verschiedenen Personen für möglich?

Was war das Schönste, das ein Freund jemals für Dich getan hat? (Du brauchst das nicht zu erzählen, falls es Dir zu persönlich ist. Doch allein schon der Gedanke daran wird Dich, das denke ich, ein wenig glücklicher machen).

Kannst Du verstehen, dass jemand seine vertraute Umgebung hinter sich lässt, um ein neues Leben zu beginnen?

Falls ja: Wie würde Dein „neues Leben" aussehen? Beschreibe es möglichst detailliert.

Gibt es einen Ort, an den Du selbst gerne reisen würdest?

Falls ja: Hast Du das schon lang geplant?

Wie sähen Deine Vorbereitungen aus?

Von wem würdest Du Dich vorher verabschieden wollen?

Was hältst Du von Brunos Mut?

Hat sich, Deiner Meinung nach, Brunos Reise gelohnt?

Falls ja: Warum? Falls nein: Warum nicht?

Begründe Deine Ansichten.

Ist es, Deiner Meinung nach, ein glückliches Ende für die Geschichte?

Falls ja: Warum?

Falls nein: Warum nicht?

Geschichte Prokyon, der Schmetterling (von Mia)
Was unterscheidet die Freunde voneinander?
Wo ergänzen sich die unterschiedlichen Freunde?
Kann man sie überhaupt „Freunde" nennen?
Warum? Warum nicht?
Warum ist jeder Einzelne von ihnen wichtig?

Gedicht: Kröten (von Mia)

Kannst Du das Gedicht weiterschreiben?

Geschichte: Lilly Ljubljana (von Mia)

Fühlst Du Dich von Deinen Eltern manchmal
bevormundet?

Was stört Dich daran am meisten?

Wie könntest Du das ändern? (Lilly nimmt z.B. ihre
Großmutter zu Hilfe...)

Geschichte: Luna und der Glücksrabe (von Mia)

Was kann man erreichen, wenn man es sich ganz fest
vorgenommen hat?
Wen braucht man hierzu?

Geschichte: Sascha und die Baba Jaga (von Mia)

War Sascha dumm oder gutmütig?

Was meinst Du: Hatte er Angst vor der Baba Jaga?

Beschreibe die Baba Jaga mit eigenen Worten.

Würdest Du Sascha als einen echten Freund bezeichnen?

Was hältst Du von der Aussage des Russenweibleins Olga?

War Sascha für die Baba Jaga ein unverdientes Glück? War er ein Geschenk?

Sollte auch eine „Baba Jaga" ein solches Geschenk erhalten?

Wie siehst Du das?

Geschichte: Rosamunde das Junischweinchen

Was war Rosamundes größter Wunsch?

Was lehnte Rosamunde mehr ab als alles andere?

Kannst Du sie verstehen?

Was lehnst Du mehr ab als alles andere?

Was wäre Dein sehnlichster Wunsch?

Welche Leben würdest Du gerne retten?

Wie?

Hatte Rosamunde ein erfolgreiches Leben?

Was ist, nach Deiner Definition, ein erfolgreiches Leben? Finde möglichst viele weitere Fragen, sowie Fragen für die übrigen Geschichten. Haben sie etwas mit Dir zu tun? Falls ja: Was könnte das sein?

Alexandr (von Mia)

Was hat Alexandr auf seinen Reisen gelernt?

Wie wurde er durch die Reise persönlich verändert?

War es, Deiner Meinung nach, gut, dass Alexandr auf diese Reise ging?

Hätte er, ohne diese Reise, etwas verpasst?

Wäre er vielleicht doch besser zuhause geblieben?

Bitte begründe Deine Ansicht.

Finde möglichst viele weitere Fragen, sowie Fragen für die übrigen Geschichten. Haben sie etwas mit Dir zu tun?

Falls ja: Was könnte das sein?

Schreibe einen Brief an die Waldgöttin. Versuche sie davon zu überzeugen, den Wald wieder für die Menschen zugänglich zu machen.

Fragen zu Rapunzels Perücke:

Warum beschließt Rapunzel eine Perücke zu tragen? Was hältst Du von dieser Entscheidung? Warum wird Rapunzel mit dieser Wahl nicht glücklich? Was steht ihr dabei im Weg?

Was veranlasst sie zu der Entscheidung, die sie am Ende der Erzählung trifft? Wie ist Deine Meinung hierzu? Kannst Du sie verstehen? Falls ja: Warum? Falls nein: Warum nicht?

Fragen zu Dornröschen:

Was ist Heidekrum wichtiger als alles andere auf der Welt? Wie steckt sie Dornröschen mit dieser Einstellung an? Worauf muss Dornröschen verzichten? Hat sie, Deiner Meinung nach, nur den Prinzen verloren oder aber viel mehr? Kannst Du irgendein gutes Ende oder eine positive Entwicklung in dieser Geschichte sehen? Falls ja: Welches?

Fragen zu Schneewittchen: Kennst Du auch solche Menschen, die Dich verunsichern wollen? Was haben diese bei Schneewittchen ausgelöst? Wie kann ihr der Jäger nun helfen? Für was steht symbolisch, Deiner Meinung nach, der Apfel? Warum fällt Schneewittchen erneut auf einen falschen Rat herein? Was lernt sie daraus? Hätte Dir das auch passieren können? Falls ja: Warum? Was hättest Du daraus gelernt? Wie gefällt Dir das Ende der Geschichte?

Fragen zu Cinderellas Schwester: Kannst Du Dich in sie hineinversetzen? Kannst Du verstehen warum sie so handelt wie sie handelt? Wie wird sie durch Jörg verändert? Was lernt sie von der Kräuterfrau? Findest Du dieses Wissen wichtig?

Stört Dich etwas an den „herkömmlichen" Märchen? Welche Rolle spielen Frauen zumeist in diesen Märchen? Welche Rolle spielen Männer? Ist das, in Deinen Augen, zeitgemäß? Entspricht es der Realität? Würdest Du es Dir wünschen?

Frage zur kleinen Meerjungfrau:

Was hältst Du vom Plan der kleinen Meerjungfrau?

Frage zu Rotkäppchen: Was nervt Rotkäppchen am meisten?

Wodurch unterscheidet sie sich von dem Bild das ihre Mutter von ihr hat? Mit welchen Eigenschaften würdest Du sie beschreiben? Gefällt sie Dir? Meinst Du es wäre ihr wichtig von Dir gemocht zu werden? Falls ja. Warum? Falls nein: Warum nicht? Welche Rolle spielt die Großmutter in ihrem Leben? Wo unterstützt sie diese Großmutter? Hättest Du auch gerne so eine Großmutter? Falls ja: Warum ? Falls nein: Warum nicht?

Die Prinzessin auf der Erbse

Aus Gründen, die mit der überaus ausgeprägten Schüchternheit der Prinzessin zusammenhängen, kann ich an dieser Stelle kein Bild von ihr ver-öffentlichen. Zwar gab es zu jener Zeit noch nicht die Möglichkeit immer und überall ein Bild von sich selbst aufzunehmen, doch gab es immerhin Hofmaler, zumal am Hofe einer echten Prinzessin- und das war Senta ganz ohne Zweifel. Doch schickte sie den Hofmaler immerzu fort. Der Geruch der Farbe störte sie, das helle Licht, das Geräusch des Pinsels auf dem Gemälde- aber auch die Tatsache, dass sie ein für alle Mal auf diesem Bild festgehalten sein würde. Das war etwas, was ihr ganz und gar nicht behagte. Kurz und gut: Es gab also nicht ein einziges Bild von ihr, noch nicht einmal als Kind. Senta hatte dem Hofmaler bereits damals deutlich zu verstehen gegeben was sie von solchen Abbildungen ihrer selbst hielt. Auch sonst unterschied sie sich sehr von anderen Prinzessinnen. Da ihre Eltern bald genug von ihrer eigenwilligen Tochter hatten, die sie als mehr als überempfindlich empfanden, packten sie ihr ein königliches Bündel und schickten sie aus dem Haus. So ganz leicht fiel es ihnen zwar nicht, doch diese Tochter war nun einmal viel zu kompliziert. So wanderte Senta schließlich durchs Königreich, fühlte jedes Steinchen durch ihre Schuhe drücken und jeden leichten Flügelschlag eines Schmetterlings oder Käferchens an ihrer Wange. Sie fühlte jeden Sonnenstrahl heiß durch ihre Kleidung brennen, und sie konnte es sogar bemerken, wenn die Nacht sich von Zeit zu Zeit ein wenig zu fest um sie legte. In einer solchen Nacht, in der sie glaubte gleich von der Dunkelheit erstickt zu werden, sah sie mit einem Mal ein feines Licht, das von einem großen Haus herüberschien, welches sich nur noch etwa zwei- oder dreihundert Schritte von ihr entfernt befand. Das Haus sah beinahe schon majestätisch aus, fast wie ein Schloss. Hinter den Türen hörte sie einen Prinzen wispern und flüstern. Er sprach wohl mit seiner Mutter. Sie vernahm eine weibliche Stimme, die jedoch bereits ein wenig brüchig klang, so wie das bei älteren Menschen häufig der Fall ist. Tatsächlich flüsterte der Prinz, da er nicht wollte, dass seine Angestellten etwas von seinen Plänen erfuhren. Der Prinz nämlich war auf Brautschau, was zu dieser Zeit nicht einfach war, vor allem, wenn man tatsächlich die bekommen wollte die man im Sinne hatte, Ich gebe zu, dass das kompliziert klingt, doch kann ich es sicherlich noch ein bisschen besser erklären: Zu jener Zeit gaben sich fast alle für jemand anderen aus; eigentlich ist das so ähnlich wie heutzutage. Manche Dinge wiederholen sich eben immer wieder. Und so waren dem Prinzen bereits so einige Hochstapler-rinnen untergekommen, die sich zunächst als echte Prinzessinnen ausgegeben hatten, wobei nicht eine Einzige auch wirklich eine Edelfrau gewesen wäre.

Entsprechend misstrauisch beäugte er daher das weibliche Wesen, das um Einlass für die Nacht bat. Sie gab sich, das wunderte ihn nicht, als eine echte Prinzessin aus. Da sie ihm allerdings sehr gefiel, wollte er sich die Mühe machen und ihre Aufrichtigkeit testen. Das Gästezimmer, in das er sie geleitete, war wundervoll hergerichtet. Mit Daunendecken und acht übereinandergestapelten Matratzen ausgestattet - (es können sogar mehr gewesen sein), mit Überzügen und Kissen, Gardinen aus dem Orient und ebens-olchen Lämpchen und silbernen Teekaraffen verziert. Hier musste man einfach den tiefsten Schlaf und die süßesten Träume finden – es sei denn... Ja, es sei denn. Das war es, was der Prinz vorhatte. Unter all den weichen Matratzen und Daunendecken platzierte er eine einzige, kleine Erbse. Sollte sie diese Erbse spüren, so war sie, dessen war er sich sicher, eine wahre Prinzessin. Am nächsten Morgen fragte er wie sie wohl geschlafen habe. Senta war zu höflich, um zuzugeben, dass sie wegen des heulenden Windes kein Auge zugetan hatte, und so dachte der Prinz zunächst, dass auch sie sich nicht von all ihren Vorgängerinnen unterschied. Im Gegensatz zu sonst stimmte ihn das traurig. So gut hätte sie ihm gefallen. Senta ging es ebenso. Die Prinzessin spürte die Wärme, die von ihm ausging und wollte ihm eine Freude machen. So begann sie ihm die Geschichte von der Erbse zu erzählen, die sie zu Beginn der Nacht unter ihrem Bett gespürt hatte. Senta hatte sie unter all den Daunendecken und Matratzen, Kissen und Überzügen erfühlt und die Erbse daraufhin freundlich gebeten doch ein wenig zur Seite zu rollen, auf die linke Seite, so dass sie selbst auf die rechte Seite hatte ausweichen können. Es war eine zuvorkommende Erbse! Flink rollte sie sich ganz auf den linken Rand unter der achten oder neunten Matratze. „So konnte ich mich auf die andere Seite rollen, und wir beide waren sehr zufrieden… immerhin spürte auch die Erbse etwas weniger Last auf sich, wo ich doch nun auf der anderen Seite lag. Hätte da nicht der Wind angehoben zu heulen, so hätte ich sicherlich durch-geschlafen in diesem prächtigen Bett!" „Sie ist eine echte Prinzessin!", sagte da der Prinz zu seiner Mutter und erzählte ihr alles. „Ja, in der Tat eine echte Prinzessin", bestätigte ihm die Mutter das Gesagte. „Doch nicht nur weil sie die Erbse fühlte!" Der Prinz nickte.

Er wusste was seine Mutter damit sagen wollte. Dass nämlich jemand, der so höflich mit einer kleinen, unscheinbaren Erbse spricht und sich zudem noch Gedanken über deren Wohlergehen macht, niemand anders sein kann als ein wahrhaft edler Mensch, eine Edelfrau, also kurz und gut: Eine Prinzessin. Noch im gleichen Jahr, am ersten Mai-Sonntag, feierten sie ihre Hochzeit. Auf den sonst traditionell gereichten Erbseneintopf wurde jedoch verzichtet.

Aus verschiedenen Gründen hätte man so etwas als geschmacklos empfunden – doch war es dennoch ein ganz großes, rauschendes Fest, von dem man noch nach Jahren sprach. Selbst die Heidekrum erzählte davon überall in den Sümpfen, die Vögel wiederum zwitscherten es von den Ästen, die Menschen trugen es von Haus zu Haus. Zurecht. Denn niemals wieder waren zwei Liebende so glücklich miteinander wie diese.

Frage zur Prinzessin auf der Erbse:

Kannst Du die Prinzessin mit eigenen Worten beschreiben?

Mias Winterwald – Erste Liebe

Mias Winterwald lag in Sibirien, das heißt natürlich stand er.

Unzählige Baumriesen erhoben sich nebeneinander, an manchen Stellen vom Schnee fast eingestäubt, an anderen wieder tief bedeckt. Obwohl es natürlich nicht so war, schien sich der Wald im Winterschlaf zu befinden. Die kleinen, zugefrorenen Bäche gaben keinen Ton von sich, und nur ab und zu, wenn ein Ast unter der Last des Schnees abbrach, konnte man das Knacken und das Fallen weithin hören. Mia war mit mir in diesem Wald, wobei wir gleichzeitig dort waren und dann auch wieder nicht. Wir besuchten den Wald nämlich nur in unserer Phantasie, aber lasst Euch dabei nicht von dem Wort „nur" täuschen. Väterchen Frost und seine kleine Enkelin Snegurotschka konnten wir beobachten. Ich sah seinen blauen Mantel und das Zepter, mit dem er alles gefrieren ließ, und wir konnten fliegen. Da ich zu dieser Zeit ein gebrochenes Bein hatte, bedeutete mir das Fliegen natürlich sehr viel. Es war Mia, die mir von der Schneeeule erzählte, welche sich in den Adler verliebt hatte, wobei diese Zuneigung auf Gegenseitigkeit beruhte. Wären nur die jeweiligen Familien von Schneeeule und Adler nicht gegen eine solche Verbindung gewesen.

So gab es für beide nur eine einzige Möglichkeit sich unbeobachtet zu treffen – und das war zu einer bestimmten Zeit an der geheimnisvollen Schwelle zwischen Tag und Nacht, hoch in den Wolken.
Sie flogen miteinander, und so wie sie flogen, die Art wie sie miteinander durch die Luft glitten, ganz nahe

beieinander, dann wieder voneinander entfernt, nur um sich dann sofort wieder anzunähern, zeigte sehr deutlich was sie sich bedeuteten. Ich dachte mir, dass ich genauso auch mit Mia fliegen wollte, die mir alles bedeutete.

Allerdings wagte ich es nicht. Im Gegensatz zu Eule und Adler war meine Angst zu mächtig, meine Bedenken Mia damit zu vertreiben zu groß. Also flogen wir für uns allein. Das Fliegen nahm mich ganz in Besitz, ab und zu vergaß ich sogar Mia, doch natürlich nicht lange. Es war unmöglich jemanden wie Mia zu vergessen. Nichts auf dieser Welt würde sie jemals in Vergessenheit geraten lassen. Es begann zu schneien, während wir flogen. Dicke, weiße, weiche Flocken, was das Fliegen weitaus schwieriger machte.

Die Flügel bewegten sich anders, das Sehen war mit einem Mal mühselig geworden.

„Wir müssen über den Schnee hinausfliegen, das wäre was!", schlug Mia vor. Ihre Stimme überschlug sich fast vor ungebremster Abenteuerlust.

Doch ich, noch ungeübt in der Kunst des Fliegens zog eine weiche Landung vor.

Mia folgte mir. Nun spürte ich auch mein Bein wieder, doch Mia tröstete mich: „Morgen fliegen wir wieder!"

Das war ein Wort- und was für eines! Ich gebe es unumwunden zu:

Daran hielt ich mich fest. Daran und an Mias Hand.

Unnötig zu erwähnen, dass sie es war, die mir die ihre gab.

Am nächsten Tag flogen wir bereits ein wenig höher, und am Tag darauf wählten wir die geheimnisvolle Zeitschwelle zwischen Tag und Nacht für unseren Ausflug, da wir die Schneeeule und den Adler sehen wollten. Mittlerweile flogen wir beide schon recht gut. Dennoch gelang es uns erst vier ganze *Tag-Nächte* später die Schneeeule und den Adler von Weitem zu erspähen. Nah trauten wir uns nicht heran. Zum einen weil es sich bei beiden immerhin um Raubtiere handelt (insbesondere der Adler machte mir in dieser Hinsicht Sorgen), zum anderen weil es sich selbstverständlich nicht gehört Liebende zu stören. Schon gar nicht, wenn diesen so wenig Zeit bleibt. So hielten wir uns also vorbildlich zurück und staunten über das Schauspiel, welches sich unseren Augen bot. Als wir diesmal landeten, war alles anders als sonst. Diesmal war ich es, der Mias Hand zuerst nahm. Und doch war unsere Geschichte damit noch lange nicht zu Ende. Am nächsten Tag nämlich würden wir wieder fliegen...

Frage zu Mias Winterwald:

Was würdest Du gern in ihrem Winterwald erleben?

Rocky- Eine Bonus-Geschichte

Rocky war ein Waschbär auf Reisen.

Geboren war er in den Vereinigten Staaten von Amerika, doch quer über den Atlantischen Ozean, Italien, Österreich, die gesamte Schweiz und schließlich Deutschland, (in dem er sich durch die Anhäufung einiger Zufälle, in welcher auch Schiffe, Züge, Flugzeuge und ein einsamer Amerikaner eine nicht unerhebliche Rolle gespielt hatten, mittlerweile bereits seit Monaten befand), zog es ihn nach Russland. Schwer zu erklären war das. Mancher hätte wohl eher vermutet, dass es Rocky wieder in seine alte Heimat gezogen hätte oder aber, dass er wenigstens bei Mia geblieben wäre, seiner menschlichen Freundin, auf die er während dieser Reise getroffen war. Doch wie von selbst drängte er nach Russland, drängte ihn etwas nach Russland, wohl wie ein geheimer Wunsch, eine Sehnsucht, von der er nichts Genaueres wusste. Als trüge er einen geheimen inneren Kompass in sich fuhr er als blinder Passagier mit Fähre, Schiff und Eisbrecher nach Skandinavien, überquerte die Grenze nach Russland und war schließlich dort. Nun ist das so mit den Wünschen, die man so hat. Kaum war er da, wusste er eigentlich gar nicht mehr warum es ihn immerzu gerade hierhin gezogen hatte.

Zugegebenermaßen war es äußerst schön, oft atemberaubend, beeindruckend und all das. Gar keine Frage. Doch wenn er es sich so recht überlegte, so war es *überall* schön gewesen. Er dachte an die riesigen Bäume und die rötliche Erde seiner Heimat, an die vielen lieblichen italienischen Dörfchen, die grünen Wiesen in Österreich, die Schweizer Berge. Rocky dachte sehnsüchtig an Mia, seine gute Freundin aus Deutschland, mit der er unter Birken an einem kleinen Bach gesessen hatte, an den glitzernden Schnee in Finnland, die dunklen, kurzen Tage in Schweden, die trotz der Dunkelheit etwas ganz Besonderes gewesen waren. Rocky fühlte sich etwas ratlos, und da tat er was er immer getan hatte. Er lief und lief und lief. Manchmal hüpfte er flink auf einen Zug, das war eine seiner leichtesten Übungen. Einmal erklomm Rocky namentlich sogar den weltbekannten Trans-Sibirien-Express, um weiterzukommen und zugleich Kräfte zu sparen, ließ sich von den fürsorglichen Fahrgästen in Ruhe durchfüttern, wich jeder Person mit Schaffner-Kleidung aus, und schlug sich so bis Novosibirsk durch. Dort traf er auf einen gut genährten Mann mit Hundestaffel, der ihn ein weiteres Stück des Weges mitnahm. In dieser Gegend fand es Rocky recht kalt, bitterkalt sogar, doch da er sich immerzu in Bewegung hielt, konnten ihm selbst die extrem niedrigen Temperaturen nichts an-haben. Auch wohl deshalb weil er immer auf sehr hilfreiche Menschen traf. Einem allerdings musste er auf die Schnelle entkommen. Wie es aussah hatte dieser offenbar geplant Rocky zu einer warmen Fellmütze zu verarbeiten. Es war ein Wilderer wie sie leider überall auf dieser Welt vorkommen – zum Leidwesen der Tiere. Auch Rockys Glück stand kurz auf der Neige. Der Wilderer hatte nicht vor ihn wieder entkommen zu lassen. Allerdings hatte er seine Rechnung ohne den Waschbären gemacht. Rocky war geschickt, zäh und schnell und konnte dem Wilderer gerade noch rechtzeitig entkommen. Dieser hatte schon ein feines Netz über ihn geworfen, doch eh´ sich einer versah, war der schlaue Rocky ohne Umwege geradewegs darunter durchgeschlüpft und in der weißen, kalten Wand, welche der Schnee hier zuweilen bildete, untergetaucht. Das laute, böse Fluchen des Wilderers hörte er zwar noch, gekümmert hat es ihn freilich wenig. Solcherlei unschöne Begegnungen blieben zum Glück eine seltene Ausnahme. Rocky lief und lief und lief. Das Unterwegssein war das, worauf es für ihn am allermeisten ankam. *Unterwegs-Sein.* Wohin war gar nicht mehr so wichtig. Während er lief, dachte er an das, was hinter ihm lag und das, was er immer bei sich trug. So wie Mia. Er lief, rannte, humpelte, ruhte, raste, trottete und lief wieder, überquerte schließlich die Grenze zu Alaska, wurde wieder gefüttert, gestreichelt (na so was aber, ausgerechnet! Dabei war er doch keineswegs ein Schoß- Hündchen), in Hundeschlitten mitgenommen und in Iglus zum Übernachten eingeladen. Dann lief er weiter und weiter. Es wurde wärmer und die Erde zunehmend röter. Rocky, der rastlose Waschbär, war mittlerweile alt geworden.

Doch alt hin oder her: Die rote Farbe der Erde, die seine Heimat auszeichnete, hätte er immer wieder erkannt. „Die Erde ist rund, und rund war mein Weg!"

Nun war er schließlich also wieder genau dort, wo alles angefangen hatte. Zufrieden legte er sich hin, um eine Runde zu schlafen. Die zahlreichen Bilder seiner langen Reise begleiteten ihn. Noch einmal träumte er vom wilden Ozean und von den hohen Bergen, vom glitzernden Schnee in Finnland und von dem weiten Himmel in Russland. Nun war die jahrelange Unruhe von ihm gewichen. Verpasst hatte er nichts in seinem Waschbären –Leben.

Nur etwas gab es, das er bedauerte. Und das war, dass er nicht mehr Zeit mit Mia verbracht hatte.

Er nahm sich vor von ihr zu träumen. Wenigstens das. Und was sich Rocky nun einmal vornahm…Ihr wisst schon, das wird immer was.

Frage bzw. Aufgabe zu Rocky:

Erzähle Du einen von Rockys Träumen!

„Glückskästchen" und „Glücksboxen"

Wie bereits im Buch „Rabenfedern bringen Glück" versucht Lukas' Mutter ihren Sohn explizit darauf aufmerksam zu machen, dass die Tatsache, dass er mittlerweile Freunde gefunden hat, keinem rein willkürlichen „Glück" zu verdanken ist, sondern vielmehr besonderen sozialen Fähigkeiten, die ihn auszeichnen und zu Freundschaften besonders be-fähigen. (Z.B. Initiative, Mut, Vertrauen, Empathie, Freundlichkeit, Aufgeschlossenheit). In allen Büchern der „Lukas-Reihe" geht es z.B. um eben das.

Nichts passiert durch „Zauberei". „Glück" wird nicht durch das schlichte Finden einer Rabenfeder erzeugt. Dies käme einem reinen Aberglauben gleich; auch diesem möchte nicht nur diese Erzählreihe, in der auch Mia eine große Rolle spielt, entgegenwirken. Und doch können gerade eben Gegenstände von Freunden, Dinge, die sie uns vielleicht einmal geschenkt haben, Bilder von ihnen, die wir bei uns tragen, uns innerlich stärken.

Nicht im Sinn einer resignierenden Aufgabe unserer eigenen Fähigkeiten sondern vielmehr im Bewusstsein darüber nicht allein zu sein, Freunde zu haben oder Personen, die so denken wie wir, die uns lieben und unterstützen. Dies können durchaus auch nicht-menschliche und / oder fiktionale Figuren sein. Das ist der Grund warum mir schließlich die Idee kam,

Gegenstände wie „Glücksbuttons" oder „Glücksboxen" zusätzlich therapeutisch einzusetzen und einzubinden. Anke Hartmann, die Künstlerin, stellt diese her. Meine Idee ist es nun das Motiv, von welchem sich ein Kind besonders angesprochen fühlt, zu wählen und ihm zur Verstärkung einen (oder mehrere) dieser Buttons oder Kästchen mit auf den Weg zu geben. Natürlich muss dies nicht notwendigerweise erfolgen. Innere Begleiter können auch durch ganz anders geartete Reize wirken.

So sagt in einem der Bücher aus der „Lukas-Reihe" Mia zu ihrem Freund: „Du wirst immer an mich denken, wenn der Wind weht." Es gibt zahllose, alternative Möglichkeiten solche mentalen Verstärker einzusetzen und zu nutzen.

In Mias Geschichten geht es vor allem um Freundschaft und um Solidarität, um Achtsamkeit und Liebe. Viele der Protagonisten finden sich auf den Buttons und Postern wieder.

Ich nenne sie, trotz der weiter oben vorgebrachten Einwände, weiterhin „Glücksboxen", „Glückskarten" oder „Glückskästchen" und zitiere hiermit einen Satz aus meinem Buch, in welchem Lukas die Freundschaft als solche als das größte Glück überhaupt empfindet. Es ist ihm etwas „geglückt"- gerade auch durch eigenes Zutun. Und in diesem doppelten Sinn möchte ich es gerne bei dieser Bezeichnung belassen und hoffen, dass auch sie eine „geglückte" ist.

Familientherapie: Folgende weitere Bilder von Anke Hartmann: Kuh, Pferd (da in der Familientherapie mit Kindern häufig möglichst viele unterschiedliche Tiere gefordert werden).

Glücksbuttons von Anke Hartmann als therapeutische Materialien

Glückskästchen Hinweis: In der therapeutischen Arbeit kann auch mit „Postern", mit „Glücksbuttons" oder „Glücksschächtelchen" gearbeitet werden. Diese können zu äußeren – und inneren Begleiter der Kinder werden. Postkarten oder Poster sind auch möglich.

Claudia J. Schulze ist Autorin und Bibliotherapeutin. Studium der Psychologie, Philosophie Pädagogik Journalismus und der Literaturwissenschaften.

Sie arbeitet in eigener Praxis psychotherapeutisch mit Kindern, Jugendlichen und Erwachsenen, und entwickelt interdisziplinäre therapeutische Materialien. Zudem ist sie Trauerbegleiterin für Einzelpersonen und für Familien. Bereits in ihrer Diplomarbeit, später dann auch während ihrer Promotion, befasste sie sich mit der Frage, inwiefern Literatur sich auf therapeutische Prozesse positiv auswirkt. Kontakt: **CJ.Schulze@gmx.de** Praxis Dr. Claudia J. Schulze, Grünberger Str. 8, 78052 VS-Villingen Ein Großteil des Gewinns aus den Büchern kommt Einrichtungen wie Palliativ- und Rehabilitationseinrichtungen für Kinder und einem Kinderhospiz zugute.

Unterstützt durch die Bärbel Schulze Stiftung für therapeutisches Schreiben und Lesen.

Anke Hartmann (Illustrationen) ist Künstlerin, Illustratorin, Kinderbuchautorin und Geschäftsführerin einer Leipziger Grafik-Werkstatt und des Raumkind-Verlages. Ihre ausdrucksstarken und liebevoll gestalteten Bilder erfreuen sich großer Beliebtheit. Anke Hartmann ist Autorin des Buches: „Die letzte Reise" (Raumkind Verlag). Kleine Träumereien am Lindenauer Markt, Leipzig.

Alle in diesem Buch verwendeten Bilder können bei Anke Hartmann persönlich in Leipzig als Poster, Postkarte, Button, bedrucktes Kissen etc. bestellt werden.

Sie vertreibt diese Online und in ihrem Laden in Leipzig.

Link zum kostenlosen Bonus-Hörbuch:

https://tinyurl.com/t9ysxor

Weitere Links zu einzelnen Geschichten, gesprochen von Werner Wilkening

https://tinyurl.com/yx45f6cb

Ihr könnt mir gerne schreiben. Ich freue mich!

Von Dr. Claudia J. Schulze ebenfalls erschienen:

Nachtflüge, Geschichten zwischen den Welten (Band1 der Lukas-Reihe)

Rabenfedern bringen Glück (Band 2 der Lukas-Reihe)

Nebelträume (Band 3 der Lukas-Reihe)

Korax und das Geheimnis der Kürbisse (Band 4 der Lukas-Reihe)

Lukas und die Geschichte der Schatten (SONDEREDITION)

Zauberbücher- Fragebögen zur Lukas –Reihe

Kindheit ist kein Kinderspiel- Interpretationshilfen zur Lukas-Reihe

Die Reise nach Holland – Therapeutische Geschichten

Morgensterne – Bibliotherapie für Kinder

Leah Löwenherz – Ein Trauerbuch für Kinder

Ruby Blue – Leseproben mit **Bonus – Geschichte**

Cinderellas Schwester- oder: Der Schuh ist zu klein

Entspannen mit Lilly – Entspannungsheft

Wir unterstützen das Kinderhospiz „Sterntaler" in Mannheim

Direkt bei BOD oder in jeder anderen Buchhandlung zu bestellen.

Neuste Auflagen immer bei BOD!